及時覺醒

把心打開，正是覺醒的時候

史努比SNOOPY獻給人生的最溫柔指引

A Therapist Shows How to Use the Twelve
Steps Approach to Life's Ups and Downs

Abraham J. Twerski
亞伯拉罕・托爾斯基 | Charles M. Schulz
查爾斯・舒茲 著 溫澤元 譯

目錄
Contents

《花生》漫畫
人物大集合

Charlie Brown
查理・布朗

史努比的主人，外號老好人，樂天又悲觀，常為小事煩惱。熱愛棒球，雖然屢戰屢敗，但他始終相信有一天會打贏。他暗戀著一位「紅髮小女孩」。

Snoopy
史努比

忠心、天真又富有想像力的米格魯。對有幽閉恐懼症和懼草症的牠來說，躺在狗屋上是最幸福的事。最大的興趣是寫小說。

Woodstock
糊塗塌克

史努比最好的朋友，只有史努比聽得懂牠說的話。原本是隻跟著家族遷徙的候鳥，但飛行技術不佳，才停留在史努比的狗屋。最大的心願是：「找到媽媽並送牠母親節卡片」。

Sally
莎莉

查理·布朗的妹妹，喜歡奈勒斯，常有異想天開的言論。最討厭學校的功課、夏令營跟遠足。她總是在尋求答案。但她沒有得到答案時，又繞回到原來的理念：「誰在乎呢？」

Lucy
露西

奈勒斯的姊姊。愛耍小聰明，嗓門大，喜歡捉弄人，查理·布朗、奈勒斯都是她捉弄的對象。暗戀謝勒德，只有在他面前，才會變得溫柔體貼。她開設了一個心理諮商的攤位，但常常診斷錯誤就是了。

Linus
奈勒斯

查理·布朗的摯友，常語出哲理。缺乏安全感的奈勒斯，總是帶著一條「安心小被被」，姊姊露西千方百計想幫他戒掉，但奈勒斯沒有小被被不行。他不相信有聖誕老人，但相信萬聖節有南瓜大王。

Schroeder
謝勒德

音樂神童，美學素養極高，能夠用玩具鋼琴彈出偶像貝多芬的作品，總認為貝多芬是美國第一屆總統。他多次拒絕露西的追求（逃避、無視或毒舌回應），是唯一治得住露西的角色。

Peppermint Patty
派伯敏特·佩蒂

爽朗隨和，很有領導者風範，是個運動健將，什麼運動項目都難不倒她。每逢上課必打瞌睡，所以學業成績慘不忍睹。喜歡查理·布朗。

Marcie
瑪西

心思細膩、知識量最多最廣。學業成績很好，卻是個運動白痴。是派伯敏特·佩蒂的好朋友。出於尊敬和對禮儀的誤解，瑪西總是稱佩蒂為「長官」（Sir）。曾對查理·布朗表示過愛慕之意。

Pigpen
乒乓

滿身灰塵汙泥，有著走在路上，就會吸引塵土的奇特體質，宛如「灰塵磁鐵」。但他有顆純潔無瑕的心，也會安慰查理・布朗「不要太在意別人的眼光，更重要的是他如何看待自己」。

Violet
范蕾特

個性開朗，有時會跟查理・布朗鬥嘴。但兩人關係不壞，她在玩扮家家酒時會給查理・布朗吃泥巴派。她是漫畫中第一個做出「把橄欖球抽走，讓查理・布朗摔倒」的人，原因是害怕手被踢到。

Franklin
富蘭克林

品學兼優的好學生，不管是學業還是運動都很拿手。不太容易焦慮，個性穩重，值得信任。而他也是少數不會對查理・布朗冷嘲熱諷的角色，常常跟查理・布朗討論兩人爺爺的話題。

Molly Volley
茉莉

史努比的網球雙打夥伴，脾氣暴躁。最大的網球敵手是愛哭鬼布比和她的兄弟鮑比。但茉莉通常會叫愛哭鬼布比閉嘴並發球。

Roy
羅伊

查理・布朗在夏令營認識的小孩。兩人因為同感落寞孤獨，在相互共勉之下，成為了好朋友。

Patty
佩蒂

最早的固定班底，並且是首位女性角色，在連載初期戲分極高。跟范蕾特很要好，兩人常一起欺負查理・布朗。

Spike
史派克

史努比的哥哥，獨自住在沙漠，把仙人掌視為朋友，會跟仙人掌和風滾草對話。跟米老鼠是好朋友，會穿著米老鼠送的鞋子。

〜〜〜

想擺脫惡夢，
唯一的方法就是「醒過來」

在課堂上，瑪西答對了，而派伯敏特・佩蒂答錯了。但在現實生活中，兩人其實都對了。

大多數人生問題的解答，確實就在我們心中。許多人之所以憂鬱沮喪、碰到各種人生難題，是因為他們不曉得多數問題的解答就在自己心裡。佩蒂說得沒錯。

瑪西當然也是對的。許多人找到一套包含十二個步驟的方法，只要遵循這十二個步驟，人生就會有所不同，棘手的困擾與問題也會迎刃而解。這十二步驟讓我們知道如何運用自己原有的資源和能力，來順應生活的境況，以及如何在現有資源不適用時，尋求更崇高力量的協助。

幾年前，我就碰到一個大家都很熟悉的問題。準備要開支票來繳每個月的帳單時，我發現銀行帳戶裡沒錢了，整個人陷入愁雲慘霧之中。

由於那個月並沒有不尋常的支出，我不曉得銀行裡怎麼會沒錢。但數字不會說謊，我只好將所有帳單延到下個月再繳。

在接下來的兩週，我都煩躁不已，很氣自己竟然讓生活陷入這種困境。下個月初，我收到銀行對帳單，才

喜出望外地發現帳戶裡**其實**是有錢的。這完全是個誤會，因為我的帳戶是採用直接存款方式，薪水會直接存入戶頭。我只是忘記在支票簿上紀錄存款金額罷了。

我需要去借錢嗎？不用。需要靠慈善單位救濟嗎？也不需要。我只需要把實際情況搞清楚就行了。

我其實有錢，但因為我根本不曉得，所以沒辦法使用。

很多人都有足夠的能力和資源，來順應生活中的各種挑戰。但我們之所以經常碰到無法克服的難題，並不是因為缺乏解決問題的能力，而是**不曉得**自己其實有足夠的能力。所以，焦慮和憂愁其實完全沒有必要。

如果我問的是：「我們要從哪裡找尋順利應對人生的能力？」那佩蒂的答案是對的。一切資源就在自己身上。但假如我的問題是：「要如何找到這些資源？」那瑪西的答案才是對的。答案是「十二」，也就是能讓我們探索內在力量、了解該去哪裡尋求協助的十二步驟。

讓人生風景煥然一新的祕密

時間拉回 1930 年代，有兩位男子嚴重酗酒、生活搞得一塌糊塗，而且還無力停止這種自我毀滅的行為，於是他們想出一套以互助為基礎的戒酒方法。

當初這個簡單的概念，如今發展成所謂的「戒酒無名會」。目前，世界各地已有數以千計的團體，數百萬人透過這種形式來求助、解決問題。

戒酒無名會成效顯著，所以那些面對其他癮頭，但又無法透過傳統治療來解決問題的人，也開始仿效戒酒無名會的運作方式。

現在，毒品成癮、暴飲暴食、賭博、藥物成癮、債台高築、古柯鹼成癮、情緒問題、性愛成癮、家庭問題等形形色色的困擾，都已經出現相對應的匿名互助協會。其中許多協會還附設家屬互助團體，比方說匿名戒酒家屬團體、匿名戒毒家屬團體、匿名賭博成癮家屬團體，以及酒精成癮者之成年子女互助會。

這些互助團體的效果非常好，許多連精神科診療和心理治療都幫不上忙的個案，都在匿名互助團體的協助下解決問題。

　　既然如此，我們自然要了解一下，為什麼這些互助會這麼有效，然後將這些原則應用在看似無解的人生問題上。

　　這些互助會的共通點，是運用十二步驟來處理各種自我挫敗的行為。而會員互相幫助的方法，主要是分享自己的失敗與成功經驗。透過定期聚會，深聊各自的經歷、希望、力量和勇氣。

　　除了從互助會的群體智慧中獲益，每位成員還會有專屬的指導者與互助對象。這種團體會有成員常可掛在嘴邊、別具意義的行話，以及一套精闢簡潔的標語，作為提醒。

　　雖然這種團體並不推崇特定宗教，禱告卻是集會的重要流程之一。

指向一切解答的十二步驟

1. 承認自己對酒精、毒品、食物、賭博等等事物無能為力，認清人生已經混亂失控。
2. 相信有更崇高、強大的力量，能讓我們恢復理智。
3. 決定將個人意志和生命，託付給自己所理解的上蒼。
4. 勇敢探究、檢視自己的品格。
5. 對上蒼、自己以及其他人，坦承我們有哪些缺點。
6. 完全準備好，讓上蒼來消除自身所有人格缺憾。
7. 謙卑祈求上蒼消除我們的缺點。
8. 列出自己傷害過的人，並且願意補償名單上的所有人。
9. 盡可能直接補償你傷害過的人，除非這樣做會傷害他們或其他人。
10. 持續檢視自己的行為，發現有錯要立刻承認。
11. 透過祈禱和冥想，有意識地與上蒼接觸；祈求能夠了解上蒼的旨意；祈求有力量，去奉行祂的旨意。
12. 實行十二步驟、心靈覺醒之後，努力把這個訊息傳

遞給其他人（如酗酒者、吸毒者、賭博者或暴飲暴食者），並在生活中全面實踐這些原則。

▍ 讓史努比陪你用十二步驟，克服人生難題

在互助團體中，常見的標語如下：

- 慢慢來！（Time takes Time）
- 保持冷靜！（Easy Does It）
- 相互尊重，彼此包容。（Live and Let Live）
- 活在當下，隨遇而安。（One Day at a Time）
- 越簡單越好！（Keep It Simple）
- 再來再來再來！有志者事竟成！（Keep Coming Back, It Works!）
- 放手交給神！（Let Go and Let God）
- 重要的事情要先做！（First Things First）
- 三思而後行！（Think, Think, Think）

而最常見的祈禱詞則是寧靜禱文（Serenity Prayer）：

「神啊，求祢賜給我平靜的心，去接受我無法改變的事；賜給我勇氣，去做我能改變的事；賜給我智慧，去分辨這兩者的不同。」

互助團體的目的，是協助個人導正對現實的錯誤認知、針對現實情況做出最佳調整、對自己做出準確的評價、擺脫性格缺陷，並幫助其他有類似問題的人。

當然，不是只有成癮者才會碰到生活上的各種問題。大家多少都有生活困擾，而當我們急於解決這些問題，常常會採取適得其反的行為和態度。

有些技巧的功效已經過實證，能克服最頑強的自我毀滅行為。透過這些技巧，或許就能有效解決生活中的困擾。何不看看生活中有哪些常見的問題，並試試看這十二步驟的原則能發揮多大效用？

幾年前，我在培訓精神科住院醫師時，發現搭配查爾斯．舒茲（Charles M. Schulz）筆下機智幽默的

四格漫畫，能更快速有效傳遞心理學的概念，所以出版了《好事即將發生》這本書。

現在，我想回到那個取之不盡、用之不竭的心理學世界，用《花生》漫畫人物的行為與互動，來介紹人類行為中常見的問題，並說明要如何透過前面提到的十二步驟，來盡可能緩解或消除這些問題。

Step 1

承認自己無能為力，
認清人生已經混亂失控

如果有人主動去找精神科醫師或心理師諮商，想解決生活中的問題，那其實已經向前跨出一大步了：他認清人生出現問題，也承認自己需要幫助。在他的人生當中，至少在某個領域，情況顯然已經變得一團亂、**無法掌控**。有到「顯然」那麼誇張嗎？當然有！如果情況不至於無法掌控，他就能自己解決。要是他能自己想辦法解決，又何必來尋求協助？

　　對很多人來說，要鉅細靡遺地描述自己的情況並不容易。就連向自己坦承生活已經失控脫序都辦不到了，又怎麼有辦法對其他人清楚訴說？我們通常會認為自己能掌控一切，大概是因為這樣想比較不會焦慮。就算針對某個問題尋求幫助，內心還是會覺得自己能掌控全局。當然了，這顯然是種矛盾狀態，而且也會成為求助路上的絆腳石。

　　很長一段時間，我搞不懂為什麼有些來找我解決特定問題的個案，總是否決我的建議。就算情況不斷惡化，還一直用那些根本不管用的老方法來應付。後來才發現他們陷入很深的內在衝突。一方面，他們生活中的某個面向變得一團亂，但另一方面，他們又沒辦法坦然

面對。

　　就算問題已經嚴重到無法自行解決，有些人還是不會向外求助，而是轉移注意力、告訴自己問題不存在。我們會將注意力放在別的事情上，希望問題會無緣無故自己消失。有時候那個困擾確實就這樣不見了，但通常問題不僅會留在原地，往往還變得更嚴重。

有些人會透過飲酒，或是某些能夠改變意念的藥物，來逃避問題。或者是沉迷於賭博、性愛，以及暴飲暴食等。這些逃避的管道或許能讓人暫時鬆一口氣，但問題還是沒解決。

　　人生中失控混亂的事情通常不只一件，整個生活都有可能陷入不可控的狀態，而我們還會做一些後果不堪設想的舉動來應對。但如果無法採取適當行動，現實終究會找上你。不幸的是，我們未必會找到正向積極的解決方式，而是逃避，完全不去修補對自己或他人造成的傷害。

　　奈勒斯一定覺得自己是個板式網球高手，但他的球技根本不怎麼樣。他堅持要去做一些自己完全不在行的事情，這就帶來不少困擾。家具東倒西歪、檯燈都翻了過去，花瓶碎片滿地都是。

　　奈勒斯接下來怎麼做？整個家亂成一團，他看起來非常惱怒。不過他沒有想辦法讓家中恢復原樣，而是抱著心愛的小被被蹲在原地吸手指，完全不管自己剛才搞破壞造成的混亂。

◖ 是什麼讓生活一團混亂？

　　生活之所以一團混亂，常是因為無法正確地認知現實。如果有條電線其實有通電，但拿的人以為沒通電，慘劇很快就會發生。要是有人賺的錢根本不夠溫飽，卻像個百萬富翁那樣花錢，沒過多久生活就會陷入困頓。所以說，一旦對現實產生誤解，人生就會變得一團亂。

　　不可思議的是，人其實常常誤解現實。多數人都是因為曲解現實，才需要向精神科醫師或心理師求助。以精神病患者的情況來看，這類誤解比較極端，例如出現妄想或幻覺。話雖如此，誤解現實的情況也深藏在生活中，而且破壞力一樣不容小覷。

　　比方說，如果人無法接受失去、失敗或是失望，就會產生棘手的問題。畢竟，一旦發生了不愉快的事情，又無法改變，唯一合理的應對方式是接受它，然後帶著這份接受繼續生活。如果試圖否認事實，或是靠酗酒、用藥、大吃大喝等放縱逃避行為來麻痺自己，後果只會更不堪設想。逃離現實無法改變事實，但我們卻時常欺騙自己，以為能靠這些逃避的小動作來解決問題。

史努比失戀了，心情鬱悶，查理‧布朗建議牠應該把她給忘了。如果他指的「忘記」是「放下這件事、繼續過自己的人生」，那這確實是個好建議。不過，史努比卻把這個建議解讀成，牠應該想辦法把這件事「忘記」，才能繼續過原本的生活。

　　史努比不是靠酒精或藥物來忘記，而是靠暴飲暴食，很多人都是這樣。但是吃東西只能帶來短暫的安慰，所以史努比繼續吃。

　　史努比覺得自己的方法很管用。「成功了！我真的忘掉她了！」但牠沒發現一個矛盾的事情：如果你還清楚**知道**自己忘記了，就代表根本還沒忘。

　　史努比吃個不停，但問題還是在。牠最後只會越來越胖，以及繼續騙自己問題解決了。

　　吃東西、賭博、酒精、毒品、工作、性愛，不管是什麼都一樣。如果刻意、極端地去做某件事，想要藉此逃避現實，後果通常只會更糟。

　　如果你很討厭自己面對的狀況，同時又無法改變，就把過去的事留在過去，繼續把生活過好。唯有秉持這項原則，才能用正向積極的方式去因應現實。

我們有時未必能一眼看出最顯眼的事實。有些人生活遇上困難，是因為他們有各種負面的行為模式，懶惰就是其中一種。雖然他們知道自己碰到問題，還是沒辦法一眼就看出最明顯的事實。比方說，如果有人每天都睡到很晚，起床後又無所事事一直到下午，那他可能會很困惑自己為什麼事情都做不完。

這種行為模式會讓生活變得一團亂，不然就是某個生活面向會徹底失控。為什麼不直接做些什麼來補救？因為我們根本不承認自己碰到了問題。搞不好別人都已經忙了一整個上午，我們才剛開始要做事，但這樣拖延的情況還是無法解決，因為我們不認為自己有這個問題。我們懶洋洋的，卻不願意承認自己懶惰。

　　查理・布朗的問題大家都看得出來。如果他想要繼續偷懶耍廢、坐在沙發上看電視，而不是起身完成作業，那事情永遠都做不完。但查理・布朗就是沒有意識到這點。他坐在電視機前，困惑到底哪裡出了問題。如果有機會，你搞不好會想告訴他，為什麼他事情總是做不完。道理相同，搞不好現在也有人想提點你什麼。只要你願意接受，或許就有辦法改正錯誤的行為模式。

　　大家都可以請值得信賴的親友給你客觀的建議！

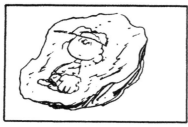

大家聽好囉，專心一點吧！

你有想過之前在這片土地上生存的生物嗎？

好幾百萬年前，在我們現在玩球的這個地方，曾經是汪洋大海…

© 1983 United Feature Syndicate, Inc

吼呦！

露西，這次妳又要找什麼藉口了？

我剛剛在想化石的事啦！

拒絕認清事情已經混亂失控，這就是所謂的**否認**。否認與說謊不同，否認代表當事人認為自己對現實的曲解才是對的。

　　大腦其實很擅長否認。舉例來說，我們可能會因為別人具有某些特質而加以批判，但那些特質我們自己也有，只是用別的方式來包裝，讓這些特質變得比較討喜。比方說：

　　我對自己的看法非常堅定，**你**是冥頑不靈。

　　我做事深思熟慮，行動之前會再三考慮。**你**則是個無藥可救的拖延症患者。

　　我很機智幽默，**你**則是滑稽可笑。

　　如果情況不是那麼嚴重，這種包裝其實還滿幽默的。我聽過這樣的說法：「我老公不是酒鬼，但我覺得他好像已經喝超過正常的量了。」或是：「我知道我女兒有時候會暴飲暴食，然後瘋狂餓肚子來控制體重，但

她沒有暴食症。」

　　這邊有個值得參考的準則：如果某件事**會造成**問題，那它本身就是個問題。騙自己說那不是問題，只會讓問題越來越嚴重。

　　什麼是合理化？合理化就是編出各種好聽的理由，而不去承認真正的原因。合理化是一種很普遍的心理機制。說起來，如果我們哪天不再自圓其說，隨之而來的一片死寂反而讓人難以忍受。

　　和別人溝通時，我們常會提出合理化的解釋，堂而皇之地說明為什麼自己做了或沒做某件事。但其實，我們也常常不自覺的，在心裡為自己找藉口。

　　我們會合理化或掩蓋某些事情。如果無法承認某件事，我們就會給出似是而非的理由，這樣就不需要面對現實。

　　但是，如果沒有認清真相，就無法採取必要行動來導正問題。為了改正錯誤，首先得要接受問題確實存在。換句話說，就是要承認事情變得**無法控制**。

已經兩個人出局，煩死了！

欸露西，我們現在很需要得分，妳等一下就照我的話做⋯

如果妳在一壘，我想暗示妳盜二壘的話，就會這樣拉一下耳朵⋯

如果妳到二壘，我要妳盜三壘的話，就會這樣拍手⋯

如果妳在三壘，我要妳留在那邊，就會這樣拉另一隻耳朵。如果我要妳回本壘，會這樣揉襯衫⋯

© 1982 United Feature Syndicate inc

一好球！

兩好球！

三振出局！

比起去記那些暗號，這樣輕鬆多了！

露西很不會接球，不管是高飛球還是滾地球都接不到，但她**從來不**承認自己在這方面的不足。露西總會找藉口。如果她想要增進自己接球的能力，就得先承認自己在這方面糟得一塌糊塗。

有時候，人生或生活的某個面向會變得難以掌控，但我們會固執地拒絕改變，繼續緣木求魚。

大家都將這種行為模式稱為「害怕成功」。怎麼會有人害怕成功？寧願成功也不願失敗，這不是人之常情嗎？

其實是這樣的：雖然失敗讓人沮喪，但還有個可取之處。如果在做某件事情的時候失敗了，不會有人對你提出更多要求，你對自己的期望甚至也會降低。但假如成功了，大家可能會期待你拿出更棒的表現。

上壘會造成各種問題。你得先決定是否要跑上壘。如果上到二壘，可能要再試著上三壘甚至本壘。但只要三振出局，就不需要煩惱這些了。

緊張是人之常情。抱歉，各位，但這是事實。我們別無選擇，沒辦法說不緊張，就不緊張，畢竟緊張在所難免。唯一的選擇，就是如何**面對與處理**。

什麼情況會讓人緊張？答案其實因人而異。對某人來說，必須在緊要關頭做出抉擇時會感到緊張；對另一個人來說，思考要打哪條領帶或穿什麼衣服的時候，也有可能會產生難以忍受的緊張情緒。

　　只有兩種方式能解決緊張，第一是好好應對造成緊張的情況，第二是用某種方式來逃避問題。有些人靠喝酒、用藥或吸毒來逃避；有些人用暴飲暴食來解決問題。要是頭腦能清楚一點，就會發現答案其實很清楚：逃避永遠解決不了問題。

　　對史努比來說，等著看球掉在網子的哪一邊，這種狀況會讓牠緊張到受不了。牠的解決辦法是再吃一塊巧克力餅乾。

　　吃能解決問題嗎？根本沒辦法。緊張的情緒依然存在，而且還變得更讓人受不了。史努比恐怕還要再吃一塊餅乾來應付加劇的緊張情緒，然後再吃一塊、再吃一塊……

情況變得混亂無法控制，其中一定包含一大特徵，那就是「如果剛開始就失敗了，那乾脆放棄！」的態度。

　　某件事情失敗的時候，有兩種選擇。一種是繼續嘗試，另一種是馬上放棄。

　　對某些人來說，失敗已經成為一種生活方式。失敗對他們來說就像家常便飯，所以與成功相比，失敗其實是更理想的結果。成功對他們來說相當未知，而未知的東西常讓人恐懼。

　　有多次前科的累犯通常會拒絕接受輔導，因為雖然監獄生活算不上舒適，但對他來說至少是熟悉的環境。受父母虐待的孩子逃出原生家庭之後，往往還是會回到父母身邊，接受打罵處罰。畢竟，比起未知的事物，他們寧可忍受已知的痛苦。

　　可憐的查理·布朗，他好像做什麼事都沒辦法成功。而他的解決方式就是去擁抱失敗的哲學、對失敗越來越感興趣。既然不管怎麼樣都會失敗，那就好好享受吧。

　　但如果能了解自己的優點、承認自己的不足，並做出必要的改變，就真的能取得斐然的成果。話雖如此，習慣失敗可能更輕鬆些。

相信有更崇高、強大的力量，
能讓我們恢復理智

第二步是接在第一步之後唯一合理的發展。

　　假如我對生活的某個方面無能為力，如果人生必須改變，那我顯然不是有能力做出改變的人。畢竟，要是我有辦法，情況就不會像現在這樣失控，人生也不會亂成一團。

　　我常在想，為什麼有些人會在第二步驟碰到這麼多困難。說真的，如果是複雜的水電問題，例如比更換水龍頭裡的墊片更困難的狀況，我們都會馬上打電話請水電師傅來修理。在生活當中，有很多情況都會讓我們向能力更強者求助。那為什麼在遇到人生困擾時，卻不願意向更強大的力量求援？其中一個可能的解釋是，我們不期望自己能成為水管、電力等特定技術領域的專家，但期待自己是管理生活**各方面**的專家。可是，要是生活中的某些面向失控了要怎麼辦？意識到這點，並向外尋求協助，這又有什麼錯？

　　尋求精神科醫師、心理師或諮商師協助時，確實是在向外求援。但如果他們幫不上忙呢？那我們就必須另尋更崇高的力量。

　　如果你不喜歡**更崇高的力量**這個說法，也可以想像

這是一種互助團體。假如你有宗教信仰，那這個力量可以是上帝或神。

有些人聲稱自己不相信神，這種說法通常不太準確。他們**確實**相信有神存在，問題在於他們認為**自己**就是神。

如果我們認為自己是全能的，基本上就是把自己當成神，這樣當然就不可能會相信有更崇高的存在，因為我們不會侍奉**兩個**主。當我們真心接受、踏出第一步，承認自己並非全能也不是神，就比較容易把上蒼視為比我們本身更強大的力量。

所以請稍微思考一下第一步。如果你認真看待第一步，那前進到第二步就很理所當然了。

如果我們認為自己最偉大，自然就很難接受有比自身更偉大的力量存在。

我們通常認為謙卑是一種美德，是虔心修練、追求崇高理想時，不可或缺的特質。但其實，保持謙卑在日常也很重要。如果不承認自己能力有限，可能就會覺得

自己能取代醫師、律師、水電師傅，或者是會計師，然後人生很快就會陷入一團混亂。

我們大概都知道自己不是萬能的天才，否則不會去找醫師或汽車師傅幫忙。既然如此，當我們發現生活中的某些面向已經失控，為什麼還堅持自己擁有無窮智慧，能一把罩？

一點點謙卑，就能讓我們向外尋求非常必要的協助。

有位酗酒者描述自己多年來試著用各種方式控制人生，最後得到一個結論：只有更強大的力量才能讓他改過自新。他開始尋求上帝協助，但在一般人認為上帝會出沒的地方都找不到祂。

　　有一天，他被逐出家門，垂頭喪氣地在海邊散步。「我仰望天空，大喊：『如果祢在上面，請幫助我！』你知道嗎？上帝真的幫了我一把，我現在已經戒酒六年。」

　　不必說得太明確，甚至不用知道自己究竟要什麼。只要承認自己需要幫助，並提出請求就好。

　　有些人覺得宗教信仰是一種逃避。他們認為期待神來幫忙、把自己該做的事推給神，是很懶惰的心態。

　　這種想法其實嚴重誤解宗教。我們本來就該完成自己能力範圍所及的任何事。宗教並不會鼓勵大家坐在副駕駛座、請神來開車；宗教會請你坐在駕駛座，小心駕車，並透過禱告來請神保護你，讓你不要被亂開車的人撞上，避免遇上你無法控制的危險。

針對任何**超出**自己能力範圍的事，請上蒼幫助並不是懶惰。碰到這種事，你還能怎麼辦？瞎操心嗎？那又有什麼用呢？

如果家裡屋頂漏水，你能做的就是找人來修繕抓漏。萬一外頭滂沱大雨，地下室又沒做好防水工程，光是相信上帝對挪亞許下的承諾會應驗在你身上，那我只能說你是傻子。上帝從來就沒有答應不讓你家地下室淹水。

不過，如果你擔心整個世界要被水淹沒，那你打算怎麼辦？要去哪裡避難？

如果你確定自己對某件事情無能為力，還一心想憑一己之力去掌控局面，這是非常不理智的行為。這時候，第二步驟就能幫忙分擔大腦的工作量，讓你將自己的精力實際運用在你**能夠**操控的事情上。

可以做禮拜禱告的場所不勝枚舉：教堂、廟宇，以及清真寺等等。許多人趨之若鶩湧進這些場所，但多數

人離開時都和進去前沒什麼兩樣。

敬拜場所其實是個學習空間。我們應該要在敬拜時去尋求指引，學習如何恰如其分地生活、做正確的事，以及分辨善惡好壞。

如果一個人認為自己**已經知道**何謂善惡好壞，就根本不可能學會分辨好壞對錯。但若能意識到自己的局限以及錯誤，就能誠心尋求教導和指引。

　　史努比的書名確實很棒。畢竟，神學的前提就是，人類的心智與思考有局限、會犯錯，而且容易在壓力及慾望影響下，出現認知以及思考偏誤。

　　如果禮拜場所沒有對一個人的行為帶來改變，很有可能是那個人預設自己知道，怎麼做對神來說是最好的，然後就到禮拜場所去給神下指導棋。然而，如果能抱持開放心胸進到禮拜場所去，接受自己有可能是錯的，並祈求神的指引，就有可能得到正確的答案。

話說回來，那我們現在豈不是**瘋了**，才需要恢復理智嗎？我們真的陷入瘋狂了嗎？

　換個角度想，如果我們是發自內心、做真正想做的事，那麼那些舉動其實非常有道理。假如有人拿槍相逼，逼我們做**不想做**的事，而我們也乖乖配合，那其實也很合情合理。假使沒人逼我們，我們又在做一些自己其實不想做的事，那就說不過去了。沒辦法合理解釋自己的行為，才叫「瘋狂」吧？

　如果你發現無法控制自己的意志力、做了不想做的事，那你需要更崇高的力量，來協助你停止做無意義的事。**這**才是恢復理智。

決定將個人意志和生命，
託付給自己所理解的上蒼

第三步有個陷阱。讓自己全然接受「上蒼」的概念，有可能會使你對宗教產生一些奇怪的觀念。

　　在許多宗教中，除了基本要素和原則，也有一些裝飾性的東西存在。這就跟房子一樣，如果裡頭沒有油漆、壁紙等美化外觀的部分，那就不算是一間完整的房子。宗教也是如此，如果少了一些具有吸引力、提供樂趣的成分，那就不是真正完整的宗教。不過，只有傻子才會在沒有地基和牆壁的情況下，用紙板蓋房子。談論宗教時，我們也不會只專注於裝飾，忽略最重要的基本概念。

　　假如對自己的生活方式不滿意，考慮把生活託付給上蒼，就要小心不要局限了自己對祂的想像和理解。

　　在生活的許多領域，我們都會閱讀說明書，從專家那裡得到指示。如果對汽車引擎的組裝以及運作方式一無所知，還試著要改動引擎來讓車子跑得更順暢，肯定會碰到比原本更嚴重的問題。

　　如果在修理引擎時願意接受專家建議，為何在人生方面又這麼猶豫、不願坦然接受專家指引？

對人類來說，生命中最困難的挑戰，就是接受上蒼比我們更有智慧。當很多不必要、甚至是不公平的事情出現在生命中，我們不禁會懷疑為什麼至高無上、具有無比智慧的神，會允許這些事發生。人類能透過意志，去決定要做對的或錯的事情，所以人類行為釀成的悲劇都其來有自。但當我們看見洪水、地震、饑荒等自然災害造成的痛苦與慘劇時，可能會問：「為什麼？為什麼神允許這些事發生？」

　　不是只有一般人會問這種問題，最偉大的神學家和哲學家也曾苦思「為何好人會碰到壞事？」但始終沒有人能給出令人信服的答案。有些人覺得這個問題實在太惱人，甚至否認神的存在。不過，有句箴言是：如果神存在，人類痛苦就沒有意義；如果神不存在，**一切**都沒有意義。

20 世紀中葉的科學與哲學啟蒙，帶動了「上帝已死」的觀念。由於一切都在人類的掌控之中，所以不需要任何至高無上的存在。

　但人類的全能往往倏忽即逝。外在境遇或許會讓一個人意識到，儘管自己擁有科學方面的才能和成就，基本上還是相對無能的。散兵坑裡沒有無神論者，面對極大的壓力與困境，我們自然會從超凡的力量當中尋求慰藉。

　如果覺得生活完全操之在己，就不會願意接受上帝的存在。相反的，當你能做到前兩個步驟，自然就會進展到第三步。

　將人生託付給上蒼，或許沒那麼容易。即便對於相信神是至高存在的人來說，也是如此。許多對我們來說非常重要的事，對如此偉大的神來說可能很微不足道。宇宙有數十億光年之寬廣。與數十億顆恆星相比，太陽

也會相形見絀。在如此廣袤的天體當中，地球是如此渺小，小到連一個微不足道的小點都稱不上。既然如此，把生命交託給一個管理如此龐大星系的無上存在，這有道理嗎？

答案是，相對於無限，小和大同樣重要，也同樣不重要。無限除以 0.00001 或 100 萬得到的結果是一樣的。

不管事情是極大還是極小，只要是至高無上的神在意、關心的事，那其實都沒什麼差別。假設神無所不知、無所不能、無所不在，也確實對某些事情感興趣，那祂對最微小的人類議題和最偉大的宇宙事件，都會給予同等程度的關注，這項推論很有道理。所以，將自己的人生交託給上蒼也非常合理。

許多人會在第三步碰到困難。雖然他們知道自己把人生過得一團糟，唯一的出路是將自己和生命託付給上蒼，但還是會擔心害怕。如果神所要的與**他們**想要的不一樣該怎麼辦？

我祈求能更有耐心、
更能理解他人，
但我放棄了…

因為我擔心，我會
真的變成那樣。

　　如果有這樣的想法，就代表內心其實還沒真正接受令人難堪的結局：恣意妄為的行為已經將人生毀掉，卻還是堅持「我要得到自己想要的，我想要一個能滿足我願望的神」。這時就要回到第一步和第二步，認清「自己的慾望其實錯得離譜」。只有接受這個事實，才有辦

法邁向第三步。

意識到自己禱告的事物真的有可能實現之前，我們都會覺得禱告的內容聽起來很天真。

談論價值觀時，我們常常只是紙上談兵，卻沒有付諸實踐。其實，應該要祈求上蒼的指引，並且對自己擁護的理念有足夠的信心，相信自己能夠真正實現。即便實現理想有可能會讓我們失去一些內心渴望的事物，也在所不惜。

我們託付生命的上蒼，一定會關心、理解、看顧我們，並且引導我們找到終極幸福。祂非常貼近個人。

興辦宗教信仰場所時，無論是教堂、猶太會堂或宗教學校，都會在營運上碰到問題。畢竟，場所的興建以及運作都需要資金，工作人員或神職人員也需要領取薪水。

宗教機構的運作需要金錢，這可能會讓宗教看起來有些商業化。

許多優秀、盡忠職守的宗教機構真的對信徒非常關

懷呵護。遺憾的是，也有一些人為了滿足私慾，會假借宗教名義行不公不義之事。

　　不要讓那些心術不正、不擇手段的人，讓我們一竿子打翻宗教。只要仔細尋找，應能找到真正的信仰。

在這十二步驟計畫當中,其實能發現大家會對其他人的宗教信仰越來越包容,這項觀察實在很讓人感動。無論是天主教徒和猶太教徒、新教徒和伊斯蘭教徒、無神論者或是佛教徒,大家都必須學會接納他人的信仰。

　　回顧世界歷史,會發現許多人類的折磨與痛苦,是某些族群不願意包容他人的宗教信仰所造成。這些歷史事件實在讓人痛心。

　　「信我的宗教,否則就會被驅逐或殺害。」這種心態多麼愚蠢!

　　小孩聊天時都會說:「我爸比你爸厲害!」身為成年人的我們,如果心態上能真的成長,也讓其他人以自己的父親為榮,這樣不是更美好嗎?

范蕾特跟露西一樣，都用一種優越的高姿態，來捍衛脆弱的自尊。她把這種心態套用在父親上，覺得自己的爸爸一定比其他人的爸爸更偉大。

　查理‧布朗並沒有因此受到威脅。他有一個好爸爸，也知道爸爸愛他、照顧他，這才是最重要的。但假如我們發現父親身上有些不完美的地方該怎麼辦？

　要是查理‧布朗挑戰范蕾特的說法，聖戰就會一觸即發。不過查理‧布朗的回答完全讓范蕾特卸下心防，最後不得不承認他們的爸爸都很棒。

　我們可以有一位自己所理解的神，其他人當然也能擁有他們所理解的神。

　酗酒的人趁清醒時檢視自己的人生，可能會意識到酗酒造成的問題，以及對生活的負面影響。但如果問題的罪魁禍首不是酒精，事實就沒那麼顯而易見。慢慢戒掉酒癮的酗酒者可能會說，自己在喝酒的時候，行為就

像是「自我意志暴走」。我們可以借用這個說法，看看自己在生活中碰到的一些問題（即便與酒精無關），是否也可能是「自我意志暴走」所致。

有時我們很難在自己身上意識到這點，但環顧四周反而就能清楚察覺：有些國家資源豐厚，許多民眾卻一貧如洗；許多人因為吸毒和酗酒把人生毀了，犯罪猖獗到監獄容量爆滿、裝不下所有罪犯。在我們的國界之外，流血衝突幾乎隨處可見。如果這不是「自我意志暴走」，那又是什麼？

若能將自己的意志放在一邊，世界會變成什麼樣子？人類歷史顯示，這個目標只是個幻想，是一廂情願的想法。

但是，如果難以約束整個世界或國家的意志，那何不從單位更小的家庭，甚至是個人著手？

Step **4**

勇敢探究、檢視
自己的品格

藉由戒酒無名會成功戒酒的人非常幸運，因為他們必須好好檢視自己的行為以及人格。多數人終其一生不一定會做這件事，因為沒有任何情況逼迫他們非這麼做不可。

　　然而，戒酒只是人生重建的一部分而已。問題不在於酒精，而是**負面的行為模式**。停止飲酒之後，負面行為模式可能還在，要等到徹底根除才算大功告成。

　　如果一個人要做的不僅是戒酒，那負面行為模式包含的就是所有必須要導正的不當行為。沒有酗酒問題的人也可能會有其他不當行為，所以同樣需要設法克服。

　　負面行為模式涵蓋的基本上是人類的七宗罪：驕傲、貪婪、淫慾、憤怒、貪食、嫉妒和懶惰。不管有沒有酗酒，這些罪過都會對生活造成嚴重破壞。驕傲指的是毫無來由的傲氣，還有一心要替自己辯解，以及無法承認錯誤。這七種特質環環相扣，因為驕傲通常會導致憤怒。自視甚高的人常感到憤怒，因為他會覺得自己沒有得到應得的東西。他可能會將許多無傷大雅的小事當成侮辱。驕傲恐怕會激起貪婪與嫉妒的心態，因為他可能會認為，自己應得的比實際擁有的還要多。在這七種

特質當中，有些會在過度放縱時帶來破壞。比方說，適度飲食能提供身體所需的營養，但攝取超出身體所需的食物就是暴食；適當的性行為是健康的，耽溺性愛則是淫慾。

要如何知道自己的行為到底是健康還是過當？唯一方法是坐下來好好檢視自己，可以用紙筆寫下自己做了什麼，以及用什麼方式去做。這可能會很繁瑣累人，大家可能會想拖延或避免做這件事，但該做的終究得做。想改善生活品質，一定要勇敢檢視自己的品行。

仔細檢視生活中會造成困擾的面向，可能會發現這些困擾是由其中一個或多個負面特質造成。

意識到自己出錯，是一件令人痛苦的事。就像我們會試著避開身體上的疼痛那樣，人類心理通常會盡可能避免情緒上的痛苦，所以我們傾向將自身行為合理化，並為自己的一言一行辯解。事情出錯時，我們將責任推到別人身上。「合理化」以及「推託」這兩種心理防禦策略，使我們無法承認自己的缺點，因而無法採取必要手段來克服。唯有仔細審視自己的言行舉止，才有辦法破除那些無法帶來幸福快樂的人格特質。

犯錯不是一次性的事件。人本來就會做錯事，也很容易出錯。所以不能只檢視一次個人性格與行為，應該定期（至少每年一次）、徹底、確實檢視自己的性格與行為。

沒來由的驕傲會成為絆腳石。每個人都有不完美的地方，而與生俱來的性情與特質，也會影響行為。一旦能減少負面特質，並且改掉不好的習性，養成好的人格特質，這就是成長與成熟的真諦。

　　沒錯，天生脾氣暴躁、愛生氣，是有辦法改變的。你可以學習如何擁有好脾氣，試著培養出更和氣友善的性格。

　　但如果不努力改善自己的缺點，同時又發現別人不喜歡你，就很容易產生沒來由的傲氣，開始認為別人是在嫉妒你。

　　勇敢誠實地檢視自己，仔細看看自己有哪些缺失與負面特質，就能將不討喜的人格特質改正過來。如果沒做到這點，我們會變得非常傲慢，甚至會把親朋好友都逼走。

任何形式的拒絕都讓人痛苦。如果出版社認為我們的手稿沒有出版價值，我們會覺得很受傷；追求的對象不覺得我們有哪裡好的時候，內心會覺得被刺傷；僱主認為我們工作能力不足，我們也會難過。

比較有建設性的做法，是用中立客觀的方式仔細分析自己。想一想，「有哪些事情是我該做但沒做的？」

露西喜歡謝勒德，但謝勒德對她一點感覺也沒有。

謝勒德的初戀是音樂，但露西常把貝多芬跟華盛頓的半身像搞混、搞不清楚交響曲的調分成哪幾種，卻還不曉得為什麼謝勒德對她不感興趣。

露西並沒有試著改善自己的缺點來博得謝勒德的好感，反而喋喋不休談論她覺得自己有哪些優點，甚至批評謝勒德沒有欣賞她的優點。

仔細檢視自己的行為與性格，真的能讓我們看見自己的不足並加以改正。

據說有一位女士曾責備諾亞·韋伯斯特（Noah Webster）在字典裡收錄髒話。「那是妳自己要去查的，女士。」韋伯斯特冷靜回應。

責怪他人和推卸責任很容易。這位女士顯然特地去翻字典查那些下流的字眼，但她並沒有因為想到這些字眼而批評自己，而是去責怪別人把這個字收進字典裡。

面對考試結果不理想，佩蒂的說法是：

「都是電視、報紙、收音機、雜誌讓我分心。」

相反的，如果能勇敢檢視自己的缺點：

「我跑去看電視而沒讀書。」

「我把時間拿去聽廣播節目而不是讀書。」

「我花時間看報紙運動版跟雜誌，而不是念書。」

一旦能替自己的行為負責，就有機會改正錯誤。萬一只會責怪他人，那就是把改變的責任推得一乾二淨。如此一來，唯有等到其他人不再做任何有害的行為，你的生活品質才會改善。

佩蒂要等到廣播、電視、報紙和雜誌業都消失之後，成績才會進步。

祝妳好運，佩蒂。

對某些人來說，檢視品格似乎不難，但他們檢討的是別人的品行而不是自己的。第四步要求我們**勇敢**檢視品格。這裡指的當然是自身的品行，檢討別人的缺失時本來就不需要勇氣。

　　或許可以把人生想像成一次「戶外教學」。我們來到這裡觀察周遭的一切，並從所觀察到的事物中學習，以便實際運用。

　　有些人寧願浪費時間觀察別人，費盡唇舌給別人建議、告訴別人怎麼做比較好，而不是觀察自己、讓自己往更好的方向去。

　　雖然戶外教學通常很輕鬆愉快，但其中的主要功能還是教育。生活也可以輕鬆愉快，但生活的終極功能是**自我**提升。

　　所謂**勇敢檢視**就是鼓起勇氣面對考驗。而大家之所以會抗拒或害怕做這件事，有兩種可能。這兩種可能性

雖然相互矛盾，卻又會在一個人身上共存，實在很奇妙。

第一種可能性，是害怕發現自己未曾察覺的正面特質。為什麼會害怕？因為有做一件事情的能力，隨之而來的就是做那件事的責任，不能退縮說「我做不到」。

第二種可能性，是害怕發現自己沒那麼「聰明」，沒辦法做到該做或想做的事。但這種「自己不夠好」的感覺通常毫無根據，而且是來自扭曲的自我認知。

　　客觀來看，我們知道查理・布朗很討喜可愛。如果查理・布朗常常失敗，那是因為他不夠有自信。當然，讓露西當他的心理諮商師根本沒有用，因為露西都是靠打擊身旁的人，來提振自己微弱的自尊心。

　　重點是，不要害怕去檢視自己。你的人生推車裡，一定有超過六樣商品，所以不要去排快速結帳通道，那是給購買少量商品和趕時間的顧客。如果有人說你不夠好，那是因為他們企圖藉由貶低你，來抬高自己。

如果想在人生中做出有建設性的改變，就應該從根本的檢視開始。在不曉得自己已經擁有什麼和需要什麼的情況下，去買菜實在很傻。你可能會買六罐蕃茄罐頭回家，卻發現櫃子裡面已經有二十罐，但已經喝完的牛奶卻沒有補貨。

　　檢視食品雜貨的存量是件小事，檢視個人的人格特質卻非常困難。我們可能會發現自己努力想忘記的東西一直還在，重要的事物卻始終不見蹤影。碰到困難重重的任務，必須鼓起勇氣和力量去完成，否則一有挫折感就會拍拍屁股走人。

　　順帶一提，我們也常常做一些不必要的假設。舉例來說，奈勒斯說不定對露西這個姊姊**以及**她這個人，都有好話可說。為什麼露西覺得弟弟對她的評價一定是負面的？

　　稍微盤點一下過去二十年來堆積在閣樓上的東西，應該會發現早就該丟的無用垃圾，也有可能找到許多忘在那裡的好物，甚至是很有價值的古董。

　　我們這輩子會累積不少物品。或許有很多愉快的回憶，有不少讓人引以為傲的好東西。如果仔細尋找、把灰塵擦掉，應該可以重新拿出來好好回味。問題是，這些好物藏在一堆我們寧可忘記的事物當中。所以，我們永遠沒辦法把好的東西找出來，因為那些壞的東西讓人

退避三舍。

　　因此，務必勇敢大膽地盤點審視。如果真的想要改變，「檢視自己」是先決條件。

　　有些人試著檢視自己的性格特質時，會發現到頭來根本沒什麼收穫。他們不明白，為什麼自己沒辦法促進人格的發展。

　　有天晚上，有人在街角看到一個男孩趴在地上找東西。

　　「你是不是掉了什麼東西？」他問。

　　「對。」男孩指著半個街區外的方向說：「我在那邊掉了 50 美分。」

　　「那你幹麼在這裡找？」

　　「這邊光線比較好！」

　　閃避不愉快或讓人不適的事物，是人類的本能。如果某個地方看起來沒那麼明亮舒適，我們會本能性地迴避，轉而到其他地方尋找。

挖掘稀有的埃及硬幣
真的很刺激…

如果找到對的硬幣,
就能發大財!

1-9-86 © 1985 United Feature Syndicate,Inc

重點是,
要有耐心跟信心。

當然啦,如果你發現
自己找錯地方了,
那就…

　　但遺憾的是,我們可能會浪費大量時間和精力,最後卻徒勞無功。如果你到錯誤的沙漠區域挖掘埃及硬幣,許多信心與耐心就這樣白白浪費了。

　　要是你發現自己比較喜歡選輕鬆的路走,傾向到光線充足的地方找東西,而不是在把東西搞丟的那個場所尋找,那搞不好去請教真正了解你的人,讓他指引你到

對的地方去探詢，才是正確的做法。

　　許多情緒障礙，而且搞不好是多數情緒障礙，都是
因為對自己懷抱不必要的負面感受所致。我在《喜歡自
己，別人就會喜歡你》（*Like Yourself and Others Will,
Too*）當中，就談過這個主題。

　　對自己沒自信的人（無論他的想法錯得多離譜，對
他來說都是真的），會根據自己所認知的現實來行動。
如果內心覺得沒人喜歡自己，那又何必努力交朋友？假
如覺得自己肯定會被拒絕，又何必開口提出邀約？

　　查理‧布朗不相信紅髮小女孩有可能會喜歡他。他避免和她接觸，然後才意識到自己是因為沒自信而閃避她。現在他又多了一個討厭自己的理由了：沒辦法鼓起勇氣做自己想做的事。這個例子就完美說明負面自我認知，會在惡性循環中越來越根深柢固。

　　檢視自己的性格缺陷，是建立精確自我意識的第一步。第四步驟的結果必須交給中立的旁人來評估，才能得到客觀的回饋（第五步）。這樣就能意識到我們的自我認知錯得多離譜、對自己其實太嚴苛。

Step 5

對上蒼、自己以及其他人，
坦承我們有哪些缺點

在第四步當中，我們盡量誠實地評斷自己。而來到第五步，就要向上蒼以及他人，承認自己的缺點與過失，分享自評的結果。向上蒼坦白這部分比較單純，不需要來回討論很久。另一方面，我們也常常是在獨處時，向上蒼坦示一切，所以不會有太大的問題。比較困難的，是與他人分享內心深處的祕密。

許多酗酒者面對的情緒問題，其實也出現在非酗酒者上。一位戒酒超過二十五年的醫師說：「我 17 歲第一次喝酒，27 歲才開始喝得很兇。但我記得 9 歲時，我就覺得自己跟別人不太一樣。我認為自己跟其他孩子不同。當我走進滿是人的房間，會有一種孤立、找不到歸屬的感覺。」

這種孤立、缺乏歸屬感的心情，早在開始酗酒之前就已經出現，而不是酗酒的後果。這種孤立感一樣會出現在沒喝酒的人身上，同時也是造成人際關係困擾的原因。

人類是群居動物，除了極少數例外，我們都渴望與他人相伴。當一個人脫離群體、不與人互動，並不是因為他不希望別人陪伴，而是他覺得格格不入。他認為大

家不想要他的陪伴，還會否定他。所以，他避免與人接觸，這樣就不用面對被排斥的痛苦。

然而，只要意識到，自己其實沒有想像中那麼與眾不同，每個人都會有七情六慾等讓人感到不自在的情緒，就能體會到深刻的解脫。當我們將深埋內心的想法與感受講出來，並且指出這是生命中避之唯恐不及的祕密時，會發生兩件事。第一，單純談論這些事情就能將其化解，消除心靈深處醞釀多年，所誇大出來的想法。第二，與他人分享這些感受和想法，會發現自己並不孤單。其他人能夠從這些想法和感受當中成長，我們一樣可以。

　　與他人分享自我評估的結果，還有另一個好處。首先要知道，充滿情緒的想法和感受通常是扭曲的。有情緒的時候，意念與思維不可能客觀，所以需要不受個人情緒影響的旁人，來提供不一樣、持平的觀點，讓我們從不同角度來看待事物。

　　第五步非常重要。如果能常常這麼做，也能省下不少錢。或許就不用花那麼多錢，請心理治療師聽你傾訴了。

　　遵循這十二個步驟，能協助我們改善人格特質。即便意識到自己的行為不太恰當，並且真的停止那些行

為，還是有可能會保留某些不太適切的人格特質。例如，即便酗酒者停止酗酒，如果沒有做任何事情來改變性格，就有可能變得非常孤僻，因為他以前是靠酒精來與人互動。

　　所以，這套步驟不僅是用來改變外在行為，同時也能讓你對自己更有安全感，建立正面積極的認知。

為什麼在第四步檢視自己的性格缺失之後，還需要在第五步向上蒼與他人坦誠分享？這是因為性格缺陷有時明顯到根本無法忽略，但我們很容易將它們理解為美德而不是缺失。

　　有些人很會說謊，或者是能在不被戳破的情況下招搖撞騙，所以他們覺得自己很了不起。因為一直得手，他們會看不清楚自己行為的本質，以為這些缺點與過錯是值得驕傲的優點。

　　所以才需要在客觀的旁人面前進行自我評估。因為在旁邊觀察的他人，能協助我們破除自我欺騙的假象。

　　乒乓不否認自己很邋遢。但因為他有個很怪的癖好，就是在泥巴堆裡面滾來滾去，所以他覺得邋遢骯髒很帥氣，不覺得這有哪裡惹人厭。

　　當然，拿鏡子給乒乓照是沒有用的。他早就知道自己很髒，而且還覺得髒兮兮的很迷人。

　　如果值得信任且尊敬的人能提供不同觀點，我們也許就能認清自己的真面目。

我們可能都低估了內心的防禦力量有多麼強大。如果意識到某件事情會讓自己不舒服，心理機制就會想出巧妙的理由來阻止大腦意識到這件事。

避免去意識某件事，就是所謂的**否認**。這是普遍會出現在酗酒者身上的現象，但在許多情況下也很常見。

佩蒂的問題是念書不夠認真。她沒有把精力放在課業上，而是猛看電視，還睡過頭。她不僅荒廢課業，還常在課堂上打瞌睡。

雖然這種情況已經發生很多次，佩蒂也知道這樣不對，但她依然重複這種行為，而且沒有從錯誤中學習。她把這歸咎於「缺乏後見之明」。不過，真正的原因當然是她沒有真心想糾正錯誤。佩蒂還是想要熬夜看電視。

如果瑪西在佩蒂身邊陪她進行第五步，就會說：「沒有，佩蒂，妳不是缺乏後見之明，妳只是想要繼續看電視。妳必須做決定。看是要繼續看電視還是拿好成績。魚與熊掌不能兼得，妳要哪一個？」

有時候，只要事實準確呈現眼前，我們就能做出正確的選擇。

孤立其實非常難熬。但我們寧願遠離人群、不願與人互動，因為深怕自己會被拒絕。

這種恐懼究竟是怎麼形成的，答案並不是非常清楚。有些人表面上在看似正常的家庭中長大，物質生活與情感方面都不虞匱乏，但他們還是有可能會對自己產生負面的認知，覺得自己不討喜。

有這種感覺已經很糟了，但不採取任何行動會更慘。

下雨天的球場好寂寞…

傻傻一個人
站在這裡，這就是
寂寞的原因…

　　查理·布朗意識到兩件事。第一是他很寂寞，第二
是獨自站在雨中會更寂寞。現在他需要採取行動來克服
這種寂寞。第五步是克服寂寞的開始。只要與他人分
享，就能更了解自己，也能發現「害怕被拒絕」的情緒
一點根據也沒有。

　　如果你有在經營生意，想必會用某種方式來記帳。
進行交易時，通常會有收入和支出。如果沒有好好紀錄
收支，就沒辦法搞清楚自己到底有沒有賺錢。此外，這
樣也無法分辨哪些業務有在賺錢，可以進一步發展擴
大，而哪些業務持續虧損，應該趕快止血。

我們對生意和事業投入這麼多心力，對個人生活卻如此漠不關心，這點實在不可思議。個人生活中同樣也有「營收」和「虧損」。

　　人這一輩子的目標，應該是鍛鍊發展自己的品格，然後成為更好的人。我們所做的行為當中，有些有助於達成這個目標，有些則會成為絆腳石。如果沒有確實的記帳系統，要怎麼知道自己的方向是否正確，以及哪些事情對終極目標有益或有害？

　　有句話說，經驗是非常嚴格的老師，但只有傻瓜才會透過經驗來學習。這實在錯得離譜。智者也會從經驗中學習，而傻瓜是那些**不**從經驗中學習的人。有些事情我們確實輕輕鬆鬆就能學會，但如果沒有經歷艱辛的過程，很多事是學不會的。當我們還是嬰兒，父母會警告不要碰熱鍋子，但光說其實沒什麼用。只有真的去摸了滾燙的鍋子，發現手很痛，才會知道熱鍋不能碰。我們一輩子都在用這種方式學習。

　　我們都不完美，也都會犯錯。只要不去忽視自己的錯誤，並能承認錯誤且從中學習，就能在性格上有所成長。

人類心智真的很迷人。就好比人體有自然的防禦機制，來抵擋疾病等可能危害健康的事物，心智一樣有很多防衛技巧，來保護我們不要承受心理和情緒方面的痛苦。問題在於，這些防禦措施實際上有可能不利於人格發展。例如，阻止我們承認自己的錯誤。假使發生這種情況，我們很容易會重蹈覆轍，要等到情況嚴重到無法再自欺欺人，才願意面對。可是，這種學習方式代價太高，如果有更輕鬆簡單的方法不是更好嗎？

一旦發現自己不太容易覺察自身的過失，可以找別人從旁觀察，提醒我們注意自己的缺陷。這種人才是真正的朋友。

常對我們講好聽話的人，或許是相處起來很愉快的夥伴，但他們對於我們的品格成長貢獻不多。相反的，提供真誠、建設性批評的人，才是真正的朋友。

當然，我們也要有開闊的心胸，能接受建設性的批評。如果一味反擊那些給予實質批評的人，他們會乾脆閉嘴不說，到時身邊就只剩那些整天只會拍馬屁、講好

聽話的人了。

　　假設有某些批評你的人其實懷抱惡意。他們並不是為了你好而出言批評，只是想傷害你。他們總是專攻你的弱點或缺點，有可能是想惡意詆毀你，或者是讓你尷尬、激怒你……

　　如果是這樣，就不必像查理‧布朗一樣，欣賞欺負他的人的正直了。你的憤怒或許是有道理的。但是，等一下！這些壞人搞不好連你最微小的缺陷都能看得出來，而且比你朋友更能看出你的問題點。所以，正如宗教格言所述，「當仇敵起身責備我時，我洗耳恭聽。」雖然滿肚子氣，還是好好傾聽吧！

　　不必欣賞討厭鬼的正直，聽就對了。

　　假如你有意指出朋友應該改正的地方，真心想提出有建設性的建議和批評。起初，他可能會因為聽到你的批評而惱怒。不過，如果你是出於一片好心，他會放下最初的不悅與反抗，回過頭來感謝你。重點是，指出他人的過失與錯誤時，還是要察言觀色才行。

完全準備好，
讓上蒼來消除自身所有人格缺憾

所有認識酗酒者的人，都會對於他們成功戒酒感到驚訝，甚至讚嘆連連。有些人接連二、三十年都沒辦法戒掉殺傷力極大的酗酒行為。沒有任何事情能夠阻止他們喝酒，不管是失業、妻離子散、坐牢、抽搐痙攣，甚至是危及性命的大出血都沒辦法。這種人就像被惡魔附身一般瘋狂飲酒。

　　然後，突然發生一件事，沒人曉得到底是什麼事，酗酒者不僅完全戒酒，還說他們已經沒有任何喝酒的慾望。對酒精的慾望瞬間消失。主宰他們數十年的瘋狂慾望就這樣不復存在。怎麼會這樣？如果要他們給點解釋，他們可能會說：「有一天我太絕望了，就向（我從來就不信的）上帝呼救說：『如果祢真的存在，請幫助我！幫我解除這個詛咒。』然後祂就真的幫了。」

　　如果你跟我一樣，和許多酗酒者打過交道，應該也很難找到其他解釋。只有上蒼的介入才能解釋這些奇蹟。

　　這是怎麼發生的？只要一個人完全準備好，讓上蒼消除他的缺陷與過失，這樣的奇蹟就會發生。關鍵在於要「**完全準備好**」。

如果這個方法成功應驗在酒精成癮上，那對其他問題也有效嗎？真的有辦法擺脫其他問題或困擾嗎？我相信可以，但必須完全做好準備。沒有任何但書或條件。這代表我們真的有辦法做到盡善盡美嗎？坦白說，是可以的，但也不需要想太多。畢竟，沒有人能準備好，成為無瑕的完人。性格當中一定還是會有某部分的不完美，這樣才算是正常人。即便有人想在我們身上貼「聖人」的標籤，多數人大概都會惶恐拒絕。

不過，即便保留一定程度的不完美、繼續當個正常人，還是能利用第六步來擺脫一些造成困擾的事。大家其實都知道，我們是有辦法改掉長久以來的惡習或不良行為，甚至不會再像以前那樣受到誘惑。只是要完全做好準備，而且只做好 99.9％ 的準備還不夠，百分之百才行。完全準備好讓自己擺脫令人反感的習慣或特質。

不要自欺欺人。你可能以為自己已經完全準備好，但事實上並沒有。

　　有時候我們非常渴望得到某樣東西，想要到幾乎其他東西都願意捨棄。

　　行為其實會反映出內心的渴望與誠意。如果跟世界上所有東西相比，我們真的特別想要某樣東西，就必須

將那個東西排在第一順位。還有，很重要的是，必須「**完
全做好準備**」。

　　雖然我們可能會說自己已經完全做好準備，要擺脫
所有人格缺陷，但這未必屬實。多數人應該都同意，優
越感太重並不值得稱許，我們不應該以支配他人為樂。
但是，又有誰能發自內心說，自己不喜歡比別人厲害的
感覺？又有誰真的不貪戀權位的力量？

　　雖然我們可能還沒準備好拋下所有性格缺陷，而追求完美也不見得是好事，或甚至不是到得了的境界，但替自己設定理想目標絕對不是問題。即便知道自己永遠不會成為百萬富翁，大家也都會盡己所能去累積財富。這麼說來，為什麼不替自己設定理想目標？

　　縱然知道自己可能無法實現理想，還是要盡可能去接近，也不需要因為目標沒有達成就沮喪或氣餒。

每次過新年，大家都會討論自己有什麼新年新目標。然而，很多人在一月一日立下的決心與目標，頂多維持一週就破功了。這已經成為大家心照不宣、習以為常的社會儀式。

　　「我要戒菸！一月開始就不抽了。」

　　「我下班後不會再到酒吧鬼混，每天晚上 6 點前會回家吃晚餐。」

　　「我再也不玩運動簽賭了。」

　　「一月一日之後我就要戒零食，今年一定會變得苗條纖細，而且持續保持好身材。」

　　大家其實都很想遵守自己在新年立下的目標，但為什麼很少有人能真的做到？

　　請注意，這裡談的是第六步驟，也就是說前面還有五個步驟要先完成。

　　改變習慣不容易。畢竟，習慣成自然，那些例行儀式會慢慢形成慣性，拉著我們繼續做原本一直在做的事。

　　改變，需要從根本採取行動。首先，要意識到自己已經失去控制，成為習慣的奴隸，去覺察自己現在受習慣宰制。而要成功改變，往往也要懂得接受幫助。最後，如果要有所轉變，其實也需要改變個人性格的某些面向。

舉例來說，如果你住紐約，並決定要去洛杉磯，除非採取必要步驟，像是：準備好錢買機票、花時間去訂機票，以及到機場搭飛機等等，不然你最後還是會留在紐約。如果只是決定要去，卻沒有採取必要的步驟來抵達目的地，那只會原地踏步。

　　消除品格上的缺點並不容易，這代表必須調整既有的生活方式及做事風格。另一方面，改變也需要很大努力，而且得持之以恆。所以，人其實一不小心就會掉回舊習慣當中。

　　很多人不想面對改變帶來的不舒服感，寧願自甘墮落：「改變不了了，性格已經固定成形了。」

　　我就碰過一位年輕的酒鬼，她堅持要做各種身體檢查，想知道自己有沒有因為喝酒而腦部受損。稍微了解一下，我發現她很希望自己真的腦部受損，這樣就有藉口說：「不要管我了，我沒救了。我已經腦部受損，沒辦法復原。」

　　不管是 5 歲的小孩還是 55 歲的中年人,大家都找得到放棄的理由。換個角度想,不管是 5 歲還是 55 歲,性格其實都有辦法重塑。只是年紀越大,會需要費更多心思與時間。

　　改變永遠不嫌遲。

Step 7

謙卑祈求上蒼
消除我們的缺點

第七步與前兩大步驟相關。意識到自己無能為力，發現好像需要比自己更強大的力量來擺脫困境時，就要保持謙卑、尋求幫助。

　　許多人拒絕尋求幫助，認為這很丟臉。有時候，我們會死守著不切實際的想法，覺得自己一定行，不願低頭求助。但很多不必要的痛苦，其實就是這種愚昧固執、覺得靠自己就好的心態所致！我們當然需要協助。每個人多少都需要幫忙，而需要援手也沒有錯。

　　謙卑是美好的特質。不僅神愛謙卑的人，其他人也一樣。自以為什麼都懂的傲慢態度，其實令人反感。

　　謙卑不代表用負面態度來看待自己，完全不是這麼一回事。我們應該清楚知道自己的人格特質以及優點。了解自己的長處，這並不是虛榮自大，而是將自己的特長以及才能，視為老天賜予的禮物，然後用這些長處來造福他人。我們或許會因為擁有這些天賦而自豪，但如果意識到隨這些天賦而來的責任和義務，以及驚覺自己好像沒有善盡這些責任與義務時，自豪就會轉變為謙卑。

　　虛榮自大者會展現出高高在上的態度，期待能得到

他人的敬意和欽佩。謙卑則蘊涵著感謝，感恩自己能得到這些才能與優點，並意識到自己有義務替他人服務。我們可以當一個卓越的人、意識到自己的優秀，但同時秉持謙卑的態度。

真正謙卑的人不會抗拒求助，因為這完全不丟臉。他能坦然接受協助，也很樂意給予幫助。

虛榮自大的人永遠不滿意自己所擁有的，優越感使他覺得自己應該得到更多，比現在擁有的還要多。這種人會徹底被逆境擊垮，因為一丁點苦難和挑戰，都會讓他憤怒不滿。「怎麼有人敢這樣對我？神怎麼敢這樣對我？」他整個人沉浸在憤怒之中，變得充滿敵意、難以接近，身體更是出現各種毛病，如偏頭痛、高血壓、胃潰瘍等等，這些都是內心憤懣的結果。

謙卑的人不會覺得自己的權益被剝奪、受到不公平待遇。謙卑者能享受自己所擁有的，因為即便別人有的更多，他也不會羨慕嫉妒。逆境來襲時，他能打起精神來應對，而不是不服氣地對所有人發怒。

謙卑不只是美德，還能拯救人生。

保持虛心。不懂謙虛就不可能有改變，也不會進步。如果深信自己不會犯錯，那我們所做的一切就一定是對的。既然如此，又何必改變？

假設有個偏執的精神疾病患者，堅稱自己被跟蹤、竊聽，還說聯邦調查局與中情局都在監視他的一舉一動，各種合乎邏輯的論述或者反面證據都無法撼動他的信念。畢竟，妄想就是難以改變的僵化思想。

如果一個人幻想自己完美無瑕、不可能做錯任何事，並緊巴著這種妄想不放，就不可能有所改變。

露西的傲慢讓人退避三舍。她一直去煩謝勒德，謝勒德覺得無法忍受；她一直責罵查理・布朗，還對奈勒斯頤指氣使，就連史努比也受不了她。

露西疏遠所有人，感到沮喪，還自己生悶氣，但就是完全不改變。反正她覺得自己很完美，幹麼改變？

相反的，謙卑能讓人客觀檢視自己，消除那些阻礙我們成功、讓我們無法與他人融洽相處的人格特質。謙卑能帶來愉快、健康的人際關係。

其實我們能在小孩身上觀察到一種現象：什麼事都搶著自己做，想證明自己不需要幫忙。但說到底，他們是生活在成人世界中的小人物，而這個世界是按照成人的需求來運作的。當一個小孩用力踮腳去拉門把，但怎麼樣都搆不到門把，他就會意識到自己其實很渺小。這也難怪，當一個小孩站到椅子上，總是會高興尖叫：「你看，我好高！」

　　但是，真正傑出非凡的人不應該這樣做。如果你真的覺得自己很偉大、了不起，又何須向每個人強調這件事？搞不好大家都看得出來啊！

　　真的對自己有自信的人不需要一直展現高人一等的態度，而當他們在生活中碰到困難、需要求助，也不會覺得求助是一件困難、尷尬的事。

　可憐的奈勒斯，他還不會自己綁鞋帶，必須請人幫
忙。

　請人幫忙沒有錯，但如果一直吹噓自己樣樣行，確
實會讓人覺得有點蠢。

　表現得傲慢自大，最終會被現實打臉。虛心行事，
才能占盡天時地利人和。

第七步必須等到第六步完成之後才能進行。也就是說，要先承認自己的性格缺陷確實存在，才有辦法加以改正。畢竟，針對人格特質的評價，其實是相對的：「我是個堅定信念的人。但**你**很固執，**他**也是頭頑固的騾子。」或者：「我這叫做開放包容。**你**則是沒原則，而**他**是優柔寡斷的爛好人。」

　　如果沒有意識到改變的必要，負面的行為模式就會持續，生活連帶會受到影響。

　　團體治療或自助小組的好處之一，就是公開讓別人觀察、評論我們。如果能抱持開闊的心胸、不要戒心重重，好好傾聽他人對我們的觀察和回饋，自然能大有斬獲。搞不好自以為很棒的優點，其實是性格缺陷。一旦能擺脫這些缺陷，就能往更好的方向邁進。

　　有時候人會祈求能得到幫助，來克服性格上的缺陷，但這些祈求似乎都得不到回應，這又是為什麼？說真的，如果我們努力想改進，難道不該得到協助嗎？

這是因為祈求往往缺乏誠意。我們有真心想要戒掉那些缺點嗎？還是感到很矛盾？其實我們常常從那些缺點當中感到某種程度的滿足，所以不想完全改掉。

即便全心戒除，可能也很快就會後悔，甚至試著把那些缺點找回來。

成功方法只有一個，就是下定決心擺脫缺點並堅持到底。這樣的祈求才會應驗。

Step **8**

列出自己傷害過的人，
並且願意補償名單上的所有人

第八步實在不容易。沒有人喜歡回想自己傷害過哪些人，而祈求別人原諒也需要很大的勇氣和毅力。其實，第八步並不是要我們真的去補償或贖罪，只要有**意願**就可以。大家都曉得，要做到真正的彌補很難，所以在實際行動前或許需要先做準備。

　　心理機制跟生理機制一樣，都會透過防禦來避免痛苦。腦中的意念或想法如果讓人痛苦，心理就會出現防衛機制、否認沉重想法的存在，或是透過合理化來減輕傷痛。

　　所以，如果我傷害了某人，有可能會完全不記得這件事。即便記得，也可能會辯解說：「這是他自找的，誰叫他要惹我。」這種防衛意念其實會造成很大傷害，因為所有不符合現實的想法本來就很有殺傷力；再者，抱持這種防衛態度，就沒辦法讓受傷的關係重修舊好。人要先承認自己錯了，才有辦法道歉，並建立或修復友誼。要是繼續維持敵對態度，斷裂的關係就完全無法補救。

　　坦承自己有錯，其實就等同於承認人會犯錯。相反的，拒絕承認錯誤，會讓人誤以為自己無所不能。

「願意彌補」其實就等於承擔責任。而這也是成熟穩重的大人與少不經事的小孩之間，最大的區別。此外，「願意彌補」代表我們有心為自己的過失請求寬恕。如果能夠理解「寬恕」的概念，也會願意原諒他人對我們造成的傷害。

　　最後，如果誠實列出所有自己傷害過的人，或許會發現傷害的成因有可能是我們忘了履行義務，或是在有能力幫助他人時沒有伸出援手。意識到自己的疏忽，就能採取補救措施，避免同樣的情況再次發生。這不僅能讓我們有所成長、更幸福快樂，同時也能為他人盡一份心力。

　　我想趁這個時候談談「合理化」的問題。

　　當你想做某件壞事，任何藉口都能拿來當擋箭牌。對其他人來說顯然非常荒謬的藉口，對於想做壞事的人來說卻很合理，這點實在奇怪。

　　比方說，問酗酒者為什麼戒酒一段時間之後又繼續喝酒，他可能會給出一些很可笑的理由，但他真心覺得

這些理由能充分解釋為什麼要繼續喝。

奈勒斯想繼續吸拇指跟看電視，完全不想到外面動一動。他的理由應該很多酒鬼都能認同吧。

欺騙別人從來不是好事。話說回來，哪怕你只是耍小聰明、哄騙自己，那又得到什麼了？你就這樣成為狡猾與小聰明的犧牲品。

有時候我們會受誘惑驅使，做出不該做的事。這是人之常情。因此，只要能意識到自己做錯了，就可以採取適當的預防措施，避免一錯再錯。但要是自欺欺人，以為自己是對的，就永遠無法糾正自己。

認錯，是成熟的開始

　　如果你有碰過車禍，就會見識到合理化、投射等心理防衛機制的作用。比方說，駕駛轉彎時沒打方向燈，或是沒檢查後方來車就靠邊停車，然後推託說撞車的原因是對方開太快。

　　很多時候，當我們明顯犯了錯，就會開始自我防衛。我們不承認錯誤，反而將錯誤歸咎於他人。

露西心思全不在球賽上，犯下了嚴重失誤。但她被譴責時，完全不提自己的疏失，反而說是查理·布朗的錯，怪他對她大吼大叫。

犯錯是人之常情，犯愚蠢的錯更是常有的事。但除非能承認錯誤，否則根本沒機會改進。

回想自己可能傷害過的人時，通常會想到犯錯的行為，也就是各種冒犯或傷害到他們的事情。但我們或許沒有想過，「不作為」可能也同樣嚴重。沒有去感謝、肯定對方的好意，沒有在力所能及內幫助他人，沒有出聲替他人辯護，這些都是「不作為」。

　　被動傷害和主動傷害一樣會帶來痛苦以及損傷。由於被動傷害比較容易淡忘，我們每天最好能列出自己的作為以及不作為，提醒自己如果不採取行動，就會有負面影響。

　　露西一句話也沒說，甚至一個字也沒說，奈勒斯卻沮喪離開。其實露西只要說一句：「不要胡思亂想，我只是想觀察蟲蟲的行為。」奈勒斯就不會覺得受傷。

雖然說沉默是金，但有時不出聲也會造成傷害。

我們需要彌補自己沒有做的事，同時也得補償做過的事。

成人與孩童之間最大的差別，是承擔責任的能力。未成年人無法負起全部責任，而拒絕承擔責任的成年人從心理看來，其實根本還不成熟。

在這邊簽名就對了，謝謝。

這世界不管什麼時候在什麼地方發生什麼事，都不是我的錯！

這份文件好像很不錯耶⋯

　　人都會犯錯，而意識到自己犯了錯其實不需要感到天崩地裂。

　　有些人似乎無法承認自己犯了錯。

　　他們會為自己的錯誤辯解，並將行為合理化，讓自己和別人相信他們是無辜的。

　　在《好事即將發生》當中，露西是非常缺乏安全感、相當自卑的人，不過她用高高在上、完美無瑕的態度，來掩飾這種感受。

　　只想著要逃避責任、不受指責，這就是自卑。真正相信自己、有自信的人，可以坦然接受自己曾經犯錯的事實。

　　願意承認自己的錯誤並有心彌補，就是成熟的表現。

盡可能直接補償你傷害過的人，
除非這樣做會傷害他們或其他人

「內疚／罪惡感」是普羅大眾和心理學界都覺得很精深的一個領域。確實，揮之不去的內疚感會把人壓得喘不過氣、造成沉重的情緒負擔。然而，我們必須仔細研究到底要如何擺脫內疚感。

　　內疚有可能是健康的，也有可能是不健康的。做了不該做的事、做了確實不對的事、做了違反正當原則和不道德的事，就會產生合理的內疚感。這種內疚感是健康的，就像疼痛也是健康的身體反應一樣。身體感到疼痛，代表我們可能正在承受來自內部或外部的傷害。由於不想承受特定行為帶來的內疚感，我們會避免做各種不正當的事。

　　如果真的做錯事情，由此產生的內疚感，會促使我們去彌補。我們下定決心不再重蹈覆轍，同時採取適當行動，努力亡羊補牢。這種補救行為能夠減輕內疚感。

　　另一種內疚感是病態、不健康的。即便沒有做錯事但還是感到內疚，這時或許就需要專業人士協助，才能判斷內疚感到底是從何而來，以及要如何消除。不健康的內疚感通常不會因為道歉、彌補或贖罪而減輕。畢竟，我們根本沒辦法替不存在的過失贖罪。

不健康的內疚感如何產生？原因其實很多。我們其實會被心靈的小把戲所矇騙。例如，如果惹你生氣的對象碰到不幸的事情，我們可能會覺得是自己的敵意詛咒了對方。這就是心理學中所謂的「魔幻思維」（magical thinking），但那其實是一種幼稚的思考方式。這種思考模式在孩童時期是正常現象，但隨著年紀增長應該要逐漸消失。如果這種魔幻思維持續存在，就很容易產生不必要的內疚感。

　　不管怎麼樣，如果飽受內疚感折磨，最好去諮詢專家意見。只要內疚感其來有自，那第九步就是正確的解決方法。

　　人之所以產生不必要的內疚感，其中一個原因是太沒自信，導致他總覺得自己做錯事。有些孩子在成長過程中被灌輸一種觀念，是「自己要為所有的錯負責」，結果終其一生都無法擺脫這種心態。

　　而有時候是一個人犯了太多錯，所以就算做對某些事，還是覺得自己永遠是錯的。

　　露西經常漏接球，查理‧布朗也常針對這件事責備她。露西好像總是能替漏接球找藉口，但從她一直找理由也可以看出來，她其實內心不好受。

　　由於失誤對露西來說，早就是家常便飯，所以連比賽都還沒開始，她就覺得自己又搞砸了。

　　大家可以觀察一下你會對哪些事感到內疚，說不定

有些內疚感根本沒必要。

　　有時候，我們可能會做出冒犯他人的事。即便是無心之過，至少也該想到「要跟對方致歉，抱歉造成他的困擾」。而若有辦法彌補過失，就絕對要負起責任。

查理‧布朗願意道歉是件好事，但他也可以順便給史努比一碗水。

有時補救的方式相對容易，有時比較困難，但總是要嘗試。

如果補償多少會造成傷害，就要避免讓善意造成更多痛苦與傷害。

補償怎麼可能會對任何人造成傷害？這個問題帶出一些非常棘手的倫理議題。例如，有位婦女婚姻美滿、育有兩子，但她從未向丈夫坦承自己有一位託給他人領養的非婚生子女。這個祕密讓她飽受煎熬。她覺得自己沒有完全坦白，對丈夫不誠實，所以必須說出真相、藉此彌補丈夫。不過，丈夫的脾氣她很清楚，他聽了肯定會勃然大怒，絕對會提離婚。她願意承擔自己必須面對的後果，但非常擔心孩子會無故受牽連。她有資格打亂孩子的生活嗎？大家聽完這個例子或許會有不同想法，但這個故事的重點在於，要彌補過錯有時可能會造成傷害。

「道歉」這件事看起來很單純，但其實要很小心謹慎。有時候道歉的方式恐怕會讓問題惡化。

露西有時會不由自主大吼大叫，這點讓她覺得很困擾。但是，她道歉的方式跟她的尖銳批判一樣，都讓人覺得尷尬不舒服。

有時候保持沉默會比較好。

　　一旦意識到自己有錯誤需要糾正、得彌補對別人造成的傷害，確實應該做出相應的補償。但如果是因為別有用心，而向某人道歉或以其他方式修復傷害，那就不是真正的賠罪，只是在滿足私慾。

妳記得妳昨天有打我嗎？

所以我今年聖誕節不送妳禮物了！

妳在幹麼？

把昨天打的那拳收回來！

矯揉造作的補償往往一眼就會被識破，而且非常荒謬、毫無意義。

　　如果讓別人受到金錢損害，提出賠償就很合理。要是傷害到他人的感情，真心誠意表達歉意與遺憾是不二法門。不需要等對方報復或反擊你，這不僅愚蠢，還會讓對方犯下另一個錯，陷入冤冤相報的局面。

　　認為每做錯一件事就要受罰的人，心中根本就沒有「寬恕」可言。他們可能會覺得神會懲罰罪人，但其實他們只是把「自己對待錯誤的想法」加諸在神身上。這種人可能一直以來都悶悶不樂。如果有不好的事情發生在他們身上，他們馬上會下定論說那是神的懲罰，然後抗議說處罰太重、抱怨神不公平。要是沒碰到任何不好的事，他們反而會焦慮懷疑，設想災難隨時會從天而降。

　　我們必須學會寬恕，並且能夠接受他人的饒恕。

有種情況雖然不算普遍，但也不罕見，值得我們深思與討論。

　　假設我對某人做了不太好的事。例如，我知道朋友想買一間房子，而且已經在談價錢，我卻直接出價把房子買下來。朋友知道了肯定很不開心。但沒過多久，房子就發生意外，比方說火災、水災或其他不在保險理賠範圍內的事故，我就這樣把錢賠光。起初，這位朋友可能無法諒解我，但現在他很感激我讓他逃過一劫。這樣還需要道歉嗎？

　　請記得，我們不是神，沒有先知先覺的能力。我們無法預知事情的結果，只能依照自己的行為來評價自己。如果做了什麼冒犯他人的事，不管行為造成什麼後果，都應該向對方道歉。不能找藉口說「自己的行為對對方最後是有利的」，你還是要負起彌補的責任。

心理防禦機制非常狡猾。在替自己的行為辯護時，我們有時會自欺欺人。

　　假設有人跟你對質，說你對他講了一些難聽話。如果確實如此，那就坦白承認。只要願意認錯，之後就比較不會重蹈覆轍，對方也有可能會接受誠摯的道歉。誠實坦白的態度能讓你更有尊嚴，同時也能得到對方的尊重與信任。

　　但如果不承認自己的行為呢？

　　我們或許會試圖否認，辯解說對方聽錯或搞錯了：「說這些話的是別人，不是我，我還站出來幫你說話呢！」

　　無論是企圖掩飾自己的行為，或是以其他方式推卸責任，如果還有一點良知，絕對都會感到內疚罪惡。再者，真相遲早都會水落石出。

　　永遠不要為錯誤辯護，這樣做一點好處也沒有。

露西，
親愛的
姊姊！

我剛才差點要買
生日禮物給妳。

我在一間店外面
看到一瓶香水，
只要 1 美元。

我知道妳收到一定會很
開心，但後來我又看到一個
會讓妳更開心的東西！

隔壁那家店的櫥窗裡有賣臘腸三明
治，也差不多是 1 美元…我就想到
妳其實很關心世界上的每個人。

所以，如果我能
變成名醫，幫助
每一個人，妳一
定會很開心。

但如果我要
變成醫生，
就要考好成績。

要考好成績，就要念書，
要念書就要健健康康的。

要健健康康的，就得吃
東西，所以我最後沒買
香水，而是買了那個
三明治…這一切都是
為了讓妳幸福快樂！

好開心喔，開心
到我都要哭了…

持續檢視自己的行為，
發現有錯要立刻承認

人生出現危機時，大家一般都會做出重大改變。這個危機有可能是經商失敗、婚姻破裂，或者意識到自己飲酒過量等等。無論如何，我們需要先分析過往，並修正造成危機的因素，才有可能帶出正向、有意義的變革。

　　但光是分析過往還不夠。意識到過去所犯的錯誤，不代表絕對不會重蹈覆轍。恰好相反，我們很有可能會一錯再錯，或者是做一些非常類似的舉動。佛洛伊德將這種現象稱為「強迫性重複」（repetition compulsion），好似有什麼東西在驅使我們重複過去的錯誤一樣。

　　如果真的想避免重蹈覆轍，最保險的做法是保持高度覺察。但我們有可能不曉得自己又在犯同樣的錯。所以，若能透過他人的觀察以及提醒，去意識到自己沒發現的行為模式，情況或許能大幅改善。當然，我們也必須有接受指正的心理準備，否則又會再次犯下同樣的錯。另外，評估自己的行為時，也不能只專注於缺陷。我們的許多行為並沒有錯，所以請不要低估自己，但也不該因為這項認知而自大虛妄。就好比如果要成功經營

一門生意，必須知道什麼因素會造成虧損，哪些因素能擴大利潤，才能順利經營。個人生活也是如此，必須知道哪些事情不該做，哪些事情則是多多益善。

　　企業經營者都會定期花時間評估營運狀況、挑出利弊。對於個人生活的經營，我們也該給予同等程度的關注，並且用相同技巧來分析面對。

另一方面，這個步驟會擺在第十步並非偶然。它之所以到後半段才出現，是因為必須先掌握前面九個步驟，在人格發展上有大幅成長之後才能進行。不過就算已經成功完成前面九大步驟，這個階段還是不容易。

　如果有更多人能按照第十個步驟來生活，並在犯錯時承認錯誤，這個世界會是多麼不同！拒絕承認錯誤的悲劇雖然很常出現在政治範疇，但個人生活中也隨處可見。而在政治場域，試圖掩蓋錯誤的人最後多以悲劇收場。

　替個人行為辯護似乎是人類本能。結果就是，很多人會編造出各種荒謬至極的理由和藉口，用荒唐的手段合理化自己的行為，根本無法看清個人的失誤和缺陷。

　深信自己不可能犯錯的人，絕對會一錯再錯。畢竟，一旦覺得自己完美無缺，就不可能有改正的空間。我們或許能自欺欺人，騙自己說我們是最完美的人，但這種態度絕對撐不久，而且會導致慘重的悲劇。錯誤通常會互相牽連、不斷衍生，最後造成無法忽視的破壞，

連最自以為是的人也沒辦法否認無視。雖然這種方法能讓人認清事實，但代價實在太高。

遵照第十步來過生活，就能活得更輕鬆。

有些人拒絕接受事實，態度還非常堅決高傲，甚至會說：「我非常確定，不要再拿證據來煩我。」多數人不會厚顏無恥到否認事實。但針對個人見解與看法，由於沒有確鑿的事物能迫使他人改變想法，他們有可能會拒絕接受合乎邏輯的論述。就好比文藝復興時期的教會拒絕接受哥白尼的理論。就算有人真的繞地球一圈，證明地球是圓的，有些人依然堅稱世界是平的。這就是固執己見的最佳範例。

願意檢視自己的觀點、抱持開放的態度與心胸，接受自己的想法有可能是錯的，世界以及個人才有可能往前更進一步。

　　對於有物質成癮困擾的人來說，第十步非常關鍵。
為了維持對酒精、藥物或暴飲暴食的依賴，成癮者會否
決、排除他人的意見或觀點，怎麼樣都說不聽。我們在
一開始就透過第一步到第五步讓人擺脫癮頭，但要長久
維持健康狀態、不要再度上癮，當事人必須意識到「在
我嚴重成癮的那段時間，我一心一意覺得自己是對的，
但我現在意識到自己錯得離譜。我還是有可能受到錯誤

觀點的影響，所以必須準備好承認自己是錯的。」

　　不管是否有成癮問題，每個人都該抱持這種健康、正向的態度。

　　我發現一個奇特的現象。大家會先踏上一條前途光明的道路，很有機會改變個人生活，但就在快要成功的時候，卻會做一些事來搞破壞、前功盡棄。這點實在不可思議！

　　以酗酒者為例，他第一次在一段時間內成功戒酒，發現家人都很愛他，對自我價值的認知也大幅提升；也有可能是一位創業人士，他成功創立一番能賺錢的事業；也有可能是學生，他開始認真上課之後，成績有顯著的進步。你們看，很多人其實離成功只差臨門一腳，但終究還是沒有撐過去、又跌回失敗的深淵。

　　如果發現自己現在是對的、過去的行為是錯的，就該徹底放棄過往的行為模式，用新的方式來過生活。

雖然邏輯告訴我們該怎麼做，但老習慣威力強大，大到能推翻邏輯，把我們拉回過去錯誤悲慘的生活。

正如范蕾特，理智要求我們改變生活模式的時候，可能會覺得壓力很大。所以，很多人往往會跟范蕾特一樣，寧可失敗也不願意改變自己。

除非保持高度警覺、不要重蹈覆轍，否則即便下定決心不要再犯同樣的錯誤，還是有可能會再做錯。

犯錯是人之常情，但重複犯錯就是愚蠢了。不過，稍微觀察自己和別人，一定會發現自己確實都會掉進重複的錯誤之中。有人就說：「錯誤不是一個接著一個，而是同樣的錯誤持續出現！」說得真好！

真的有辦法避免重複犯錯嗎？當然可以，我們必須保持清楚的意識和覺察，並對自己誠實。

酗酒者就是最清楚的例子。雖然每次喝酒的下場都很慘，酗酒者卻都自欺欺人說：「這次不一樣。」

大家還滿意自己的生活方式嗎？如果不滿意，解決辦法只有一個：改變！

當然，必須謹慎思考該如何改變以及改變什麼，但也不該愚蠢到以為重複舊有行為能帶來不同結果。

有些人喜歡從負面的角度來看待自己，只關注自己的缺失、忽略了自身優勢。

我們每天都會做許多好事，也應該多去注意這些善舉。萬一真的發現自己犯了錯，但因為有覺察而採取適當的防範措施，來避免一錯再錯，那就是相當寶貴的學習經驗，應該用積極正面的角度來看待。

　　露西實在是不會幫別人建立自尊心，但即便沒有她在旁邊批評，查理‧布朗也很難意識到自己其實沒有做錯任何事。他沒辦法清楚看出或欣賞自己的優點與長處。

　　不過其實，只要發現自己做對了一件好事，我們就更有動力去做更多好事。但要是像查理‧布朗一樣，總是悲觀負面，可能會告訴自己「做對了一件好事，那又怎樣呢？」

　　無論如何，請好好在自己身上尋找優點與特長，一定會找到的。

如果你問哪一項人格缺陷最讓人痛苦折磨，我的答案是：「無法承認自己的過失」。

　　我們都是人，人都會犯錯。如果意識到自己會犯錯，就能接受自己的錯誤，並寬恕他人的過錯。此外，意識到自己是會犯錯的凡人，就會假設其他人跟自己一樣，而他們也會願意原諒我們的過錯。

　　不過，如果拒絕承認錯誤，就不太可能原諒自己，更糟的是別人也不會原諒我們。很多歷史事件就清楚證明掩蓋錯誤有多愚蠢。其實，只要簡單說一句「我犯了一個錯，我錯了」，許多國家和個人就不需要承受這麼多折磨。

　　莎莉犯了一個錯，她卻要求查理・布朗道歉。莎莉浪費很多心思在掩飾自己的錯誤，最後查理・布朗也只能尷尬離開。但莎莉心裡也不好受，她覺得自己傷了查理・布朗，而查理・布朗其實是對的。

　　摩西所謂的十誡其實應該不只十條，而是十一條。第一條應該是「不要為錯誤辯護」。摩西以為這點大家都曉得，所以不需要特別記下來。

　　太可惜了。

Step **11**

透過祈禱和冥想，
有意識地與上蒼接觸；
祈求能夠了解上蒼的旨意；
祈求有力量，去奉行祂的旨意

為什麼要祈求能了解上蒼的旨意？為什麼光是知道自己的意志還不夠？如果個人意志還不夠，那為什麼上蒼的意志是唯一選擇？

　　第二個問題的答案其實很簡單。如果個人意志真的這麼強大美好，那為什麼我現在會陷入困境？我沒有得到自己想要的，也沒有得到應得的，這真的是其他人的錯嗎？還是我想要的東西其實根本就不值得追求，甚至不實際？

　　第三個問題有點棘手。即便個人意志有可能受到誤導，為什麼不能仰賴其他人的意志，非得相信上蒼的旨意？

　　事實是，如果能將個人意志擺在一邊，就能活得更有意義、更繽紛豐富。放下個人偏見以及慾望，我們其實能為社會和人類做更多事，帶來更多幸福快樂，而這也是一項重要成就。

　　不過，即便將個人意志放在一旁，結局也未必是好的。這邊就有一則實際案例：兩名男子因為滯留街頭被捕，來到了法官面前。

　　法官問第一個人：「你被捕的時候在做什麼？」

「沒做什麼。」那人回答。

法官轉而問第二個人：「你被捕的時候在做什麼？」

「我在幫他。」第二個人指著朋友說。

從故事中可以發現，雖然助人是美德，但若對方什麼也沒做，那幫忙的人其實也沒什麼實質貢獻。

如果世界上的每個人都開始幫助其他人，世界會變得更和平、美麗。但是，我們還是得面對一個讓人茫然的問題：「我們真正要做的到底是什麼？」

　　感覺生活迷茫飄渺、徒勞無功，這種情緒最讓人意志消沉。人似乎生來就渴望自己能有所成就，希望能感到生命是有意義的。許多人忙著生存，完全沒時間思考生命的意義。現代科技讓工作時間縮短，醫學卻反過來延長人類平均壽命，所以我們有更多時間思考，並且進一步反思生命的意義。

　　第十一步到底會不會成為你的信條，這其實不是重點。但人必須要有生活的目標，才能讓生命充滿意義，這點無庸置疑。

　　如果祈求能了解上蒼的旨意，並有能力去實現，我們就要準備好隨時迎接驚喜，因為祈求可能會成真。只要祈求的事情是恰當的，上蒼就會傾聽祈求並給予回應。

上蒼所想的，可能與我們內心假設的不一樣。我們或許想要一棟湖邊的避暑豪宅、一台船外機，還有許多閒暇時間能去釣魚。但上蒼所想的也許是替他人服務，像是與他人分享我們在迎接各種挑戰、面對人生困境與難題時，所產生的希望、力量以及勇氣。

沒錯，「有趣」可能會讓人沒那麼舒服。不過事實

與露西的結論正好相反：無聊並沒有比較好。如果在球場上一點挑戰也沒有，球員根本就不會進步。

上蒼的旨意可能是要我們成長，而成長本來就會伴隨一些痛苦。不過，我們也要有信心，相信上蒼會賜予我們力量來完成祂的旨意。

有時所謂的祈禱，其實只是討價還價。「如果祢能協助我脫離困境，我保證會……」我們都很清楚這樣的承諾只是曇花一現。

假如希望祈禱真的能發揮效力，就得真心誠意，而虔誠並不是利益的索取。要是秉持著談條件的態度來祈禱，我們就還是覺得自己是一切的主宰，等於想掌控所有條件。很多時候，都要等到人生變得無法掌控了，才會意識到討價還價根本徒勞無功，總算臣服於更崇高、強大的力量。

佩蒂說得對。我們常用這種方式來祈禱。但討價還價本來就不是宗教的本意，所以即便學校禁止各種宗教活動，這種祈禱還是能繼續存在。

執行第十一步的前提，是完成前三大步驟。只有真心交出自己的意志，祈禱才不是討價還價。這個時候，我們才是真心誠意希望做正確的事，而不是只想滿足私慾。

據傳林肯曾說：「對我來說，神是站在我這邊還是對手那邊並不重要，重要的是我站在神這邊。」

　　換個方式來表達這句話，意思就是：「我是想遵行神的旨意，還是期待神能遵照我的意思？」

　　有些人在上蒼沒有實現他們的願望時會很沮喪、對祂失去信心。這種人顯然覺得，禱告是向上蒼發號施令的方式，只是態度比較禮貌而已。

　　當然，如果覺得自己已經很完美，認為上蒼對我們的言行舉止都很滿意，那就沒必要喚醒覺察、與上蒼接觸。但很顯然，上蒼也絕對會想要與我們這麼棒的人維持聯繫。

　　在《好事即將發生》當中，我點出查理‧布朗常自我懷疑、自尊心低落，這點讓他深受困擾。露西其實也有同樣的潛在問題，但她一直自我說服說「自己是最棒的、別人都比不上她」，來抵抗自卑帶來的痛苦。

　　查理‧布朗雖然是個可憐的角色，但他其實有機會變得更好。我們能讓他知道，他沒有自己想像那麼差。

幫助露西就比較難，因為她堅信自己完美無瑕。

我們應該要不時試著去增進與上蒼的交流，因為這代表我們在試著改善自己。

我今天應該要贏的…

網球之神可能不是站在我這邊吧。

糊塗塌客真傻，牠不相信世界上有所謂的網球之神！

去祈求能了解上蒼的旨意並且有能力去實踐，這是相當困難的步驟。要認真看待這個步驟，就代表要將個人私慾擺在一旁，比方說名利以及財富等，並下定決心只追求上蒼所要的。要知道上蒼究竟想要什麼並不容易，所以我們必須祈求祂給予指示。

　　認真執行第一步之後，第十一步就是順理成章的接續步驟。人生之所以變得難以掌控，通常是因為「自我意志暴走」。如果自我意志時常讓你陷入困境，那把它擱置一旁是很合理的決定。

　　有些自稱虔誠的人根本就沒有走到第十一步。**只有在**上蒼的旨意符合他們自己的意志時，**才會**接受祂的旨意。他們只接受信仰當中自己喜歡的部分。

　　宗教是可以很美妙良善的。但為什麼當我們回顧世界歷史，會發現有些人以宗教之名犯下最卑鄙的惡行？當人類只從宗教信仰中揀選喜愛的部分、拋開討厭的教義，就會發生這種情況。

　　如果一個人發現自己的生活方式無以為繼，考慮遵

照上蒼的旨意來生活，那是相當明智的抉擇。然而，要是他總愛對宗教挑三揀四，那根本就不是在遵行上蒼的旨意，只是在順從自己的意志，情況顯然也不會有任何改善。

有些人以為禱告的重點是告訴上蒼自己想要什麼，然後祂就會應允。

如果最後沒有得到自己想要的，他們就會覺得上蒼不公平，或覺得上蒼想要與他們對立。

這個錯誤的結論使某些人與上蒼疏遠，但這其實都是因為他們對禱告有所誤解。

在第十一步當中，禱告的真正目的是與上蒼建立關係。我們應該要克服自己的缺點、變得更像神。雖然大家都曉得沒有人能夠真正完美無缺，但我們都應該將「企及完美」當成目標。

禱告的真正目的不是向上蒼索取**我們**想要的東西，而是去了解上蒼希望我們怎麼做。如果個人願望以及渴求沒有得到回應，不需要垂頭喪氣，或許這原本就不是上蒼替我們安排的事物。

一位正在戒酒的婦女說：「當我丟掉工作、婚姻破

裂，我對神失去信心。『祢為什麼要這樣對我？』但現在我明白了。神只是將那些我沒有能力處理的東西先拿走而已。」

給自己一個機會好好禱告，真真切切的禱告。

Step **12**

〜〜〜

實行十二步驟、心靈覺醒之後，
努力把這個訊息傳遞給其他人，
並在生活中全面實踐這些原則

生命中有各式各樣值得享受、令人愉悅的事。有些事情只會產生稍縱即逝的快樂（誰真的有辦法回想多年前，一道美味料理帶來的短暫歡愉？）但有些事即便時隔多年，回想起來還是很愉快。例如，幫助他人就能帶來永久且持續的快樂。如果我多年前曾對某人伸出援手，甚至讓他現在過上更好的生活，那此時此刻我依然能夠回味自己對這個人的幫助，這是很棒的感受。

對每個人來說，心靈覺醒的意義或許都不同。但重點在於，將焦點從自己身上移開、多替他人著想。對於康復中的酒精／毒品成癮者來說，當他的重心從「追求自我滿足」轉移到「為他人著想」，保持清醒的同時，也擁有了精神上的覺醒。也就是說，若能時時設身處地為他人著想，內在靈性也會隨之成長。即便沒有酗酒或毒癮問題，這點依然成立。

第十二步的標題說「努力傳遞**訊息**」，這是非常謹慎的措辭，因為我們要做的是傳遞訊息，而不是強迫他人改變或修正。我們的責任是盡量幫助他人，而不是加以控制。就算別人不想聽我們傳遞的訊息，那也是他的權利。所以說，將訊息**強加**在他人身上並不是在傳遞訊

息。如果刻意加壓控制，就已經越界跨線，**不是在給予真正的幫助**，而是進入那種「沒有你不行」、關係失衡的狀態。

十二步驟計畫不只能用來解決酗酒、吸毒等特定問題，還能應用在更廣泛的人生範疇。十二步驟療法的其中一個美妙之處，就在於互相奉獻和團結合一的精神。比方說，戒酒者都知道他們有一個共同的敵人：酒精。他們知道必須團結合作才能擊敗酒精，而他們的人生就取決於到底能否克服酒癮。他們不能搞分裂。戒酒者知道當有人需要幫忙，不管是白天還是黑夜都應該要隨時提供協助。

只要願意團結一致、互相幫助，我們就有辦法克服各種人類脆弱與失誤所產生的險境。若大家都能有這份體悟，世界豈不是很美好？如果都能理解到其實個人快樂取決於所有人的快樂，世界應該會與現在截然不同。

假設我們走進一個正在進行十二步驟療法的房間，環顧四周。在場有窮人、有錢人、高學歷者、文盲、男女老少，以及信奉各種宗教或不同種族的人。在這個房間，所有差異以及社會地位的不同都先放在一邊，因為

在這裡人人平等。每個人都是人，都是正在經歷或曾陷入痛苦的人。大家在這裡只有一個目的：分享經驗，尋求改善。十二步驟療法融入了流傳數千年的智慧，那就是「互相分享」。只要能與他人分享，憂傷可以減半、喜悅可以加倍。

　　無論問題是酒精、毒品、賭博、暴飲暴食還是其他狀況，所有孤獨都有一個共通點。「沒人了解我，也沒人能幫忙。」孤獨讓人焦慮恐懼，感到孤獨的當事人會非常害怕，因為他要獨自面對龐大、無法控制的命運。十二步驟療法團體中的人會說：「你不孤單，我們和你一起。我們了解你。你不必害怕，因為我們會一起面對艱難的挑戰。當我們在一起，挑戰就沒有那麼困難。不要絕望，因為希望永遠存在。看看這個房間裡的所有人，就會知道希望真的存在。」

　　「如果你也想要感受我們所擁有的一切，就加入我們吧！不用交會費，也不必付錢。來到這邊、加入我們，這就是你的貢獻，因為沒有人是孤島。你能幫助我們，我們也會幫助你。」

　　「再來再來再來！有志者事竟成！」

心靈覺醒這個詞選得很好。心靈覺醒，並不是指突然看見天空出現一道裂縫，在閃電和雷聲之間看見天神馬車降臨。之所以稱為「覺醒」，是因為我們在睡覺的時候不會知道周遭發生什麼事。但當我們醒過來，眼睛就會睜開看見現實。

有太多人都到別處去尋求幸福快樂。在他們的人生當中，沒有任何東西能帶來幸福與快樂。若情況有所不同，那該有多好；如果能中數百萬美元的樂透頭彩就好了。如果……如果……

然而，幸福快樂不在山的另一邊。我們身處的地方其實就有足夠的幸福與快樂。

其他地方的氣候可能更宜人，其他地方的美食或許更多樣。到海邊就可以釣魚、游泳、衝浪、享受日光浴，鎮上的其他區域有豪華的住宅和寬敞的花園。

然而，問一下精神科醫師就知道。這些令人嚮往的地區其實跟任何地方一樣，也都有許多充滿困擾與煩惱的人。

但是，這些地方也跟其他地方一樣，能讓你探索內在靈性。如果我要的快樂是精神層面的，那不管在哪裡都能找到。

傳遞訊息並不是指說教。十二步驟療法的其中一項傳統，就是透過吸引外人參加的方式來運作，而不是靠

打知名度的宣傳。「我成功擺脫癮頭的束縛，人生現在變得光明許多。如果你想知道我是怎麼做到的，我很樂意分享。」不會有人挨家挨戶敲門去招募新成員。

畢竟，遺憾的是，在人類歷史當中，說教已經變成可疑的行徑。

在歷史上，說教者往往都穿得很暖，然後講幾句空洞無意義的話就走掉，留下受苦的人在寒冷中繼續苦撐。我們常常都說得太多、做得太少。

要成功傳遞訊息，就必須「在生活中全面實踐這些原則」，否則就只會淪為空洞的說教。

關於「言行一致」這個主題，坊間流傳許多成語和格言。我們常口口聲聲說要實踐崇高的理念，但行為卻與言論八竿子打不著。

　　任何有思想的人都絕對無法接受自己是一位偽君子，不可能有辦法跟虛偽的自己和平共處。虛偽所引起的自我憎恨可能會催生出各式各樣的藉口，藉此掩飾虛偽。但這絕不是長久之計！即便我們聲稱自己是正直之人，也不可能一直欺騙自己到老死。

　　這十二個步驟確實很棒，但前提是必須付諸行動，在生活各方面實踐這些步驟才行。

　　有些人似乎對話語情有獨鍾。他們明知道自己不會遵守新年目標，但那些話語聽起來還是很迷人。他們喜歡阿諛奉承，雖然他們明知道這樣做沒什麼誠意。即便經驗顯示政客的承諾不可靠，他們還是覺得那些諾言相當動聽。

心靈覺醒的前提是誠實。如果我們有一絲提升靈性的渴望，就不能只會講好聽話，而是要用行動證明自己所擁護的原則。

　　第十二步與該療法的一項傳統有關：如果想協助某人克服有害的生活方式，就要以身作則，而不是單靠說教。

　　活生生的例子就是最有力的工具。每個人都想追求幸福快樂，如果我們發現某人的生活方式能帶來快樂，就很有可能會去效法，讓自己也得到快樂。反過來說，如果某人對自己的生活方式不怎麼滿意，那他就算講再多道理，也無法說服我們採用他的生活方式。

　　查理·布朗的本意是好的，但他並不是最幸福快樂
的人，絕對不是。雖然我們喜歡查理·布朗，也能夠同
理他的狀況，但他的自尊心太弱，這點讓他非常痛苦。

　　如果查理·布朗能認同自己是個可愛的人、而非失
敗者，他所散發的自尊力量以及滿足感，說不定能鼓勵
其他人效仿他。

　　找到一種能減輕痛苦的新生活方式時，自然會想要
與他人分享這個好消息。

　　不過也該記得，當我們在痛苦中掙扎，如果有人突然出現給建議，自己未必會欣然接受。我們可能會抗拒改變。所以，將好消息與他人分享時，如果對方沒有欣喜若狂，也沒有向我們表示感謝，其實不需要太訝異或憤怒。

不需要因為沒被接納而氣餒。首先可以回想一下，雖然我們也曾拒絕他人的建議，但最後還是從痛苦中走出來，而且也確實很感激他人的建議，或是為我們付出的努力。

再者，其實每次真誠的幫助都會帶來一些幫助，即便這些變化沒有那麼顯著，但隨著時間累積絕對能發揮作用。

所以不要失望，也不要不耐煩。好的咖啡需要時間來醞釀。

真的只有成功戒酒的人，有辦法幫助另一位想戒酒的人嗎？

不盡然。幫助人的方式有很多種，即便是沒有親自體驗過酒癮的專業人士或智者，也能提供非常有幫助的建議。不過，在酗酒或其他成癮問題中，有些面向或狀況是沒有親身經歷過的人，完全無法體會的。

其中最可怕的，莫過於覺得自己徹底孤獨、沒有人理解自己。

　　經歷過許多人生挑戰與困境的人，就是最有力的見證：即便碰上重重難關，生命依然堅強；即便一切看似黯淡無光，希望依然存在。

　　我們都曾在人生中經歷各式各樣的磨難，如果能分享過來人經驗，其實就能將他人從困境中解救出來。

「我願意幫忙，同時也得到幫助。」

　　一些正在戒酒和戒毒的人說：「還有酒癮或毒癮的時候，我很自私。但即便戒酒或戒毒了，我還是很自私。我最大的改變，是變成願意幫助別人，而不是傷害別人的人。當我試著幫助別人戒掉酒癮或毒癮，自己也會更

清醒、更不會再次上癮。」

　　但願我們都能理解，每當我們幫助別人，收穫絕對
大於付出。

查理‧布朗很開心能找到一位夥伴，他之所以能得到這個朋友，是因為他一開始想要幫助這位難過、孤獨的人。

　　有位智者就說，只要能與他人分享，喜悅就會加倍，悲傷則會減半。

　　把幫助別人當成一種習慣，就會驚訝地發現自己其實才是真正的受益者。

史努比陪你，
不再討好所有人

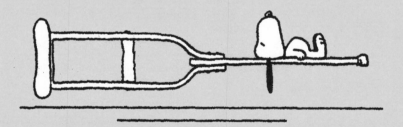

近年來，十二步驟療法很強調「病態互依」（co-dependence）的現象，這個詞彙指的是一種關係型態。在這種關係型態中，你允許別人左右你的人生。你的人生走向並不是由你自己決定，而是先等對方有所行動之後再做出反應，這基本上就是讓對方操控你的生活。

　　這種情況在有酗酒或吸毒問題的家中相當常見，但也可能發生在日常生活中。其實，只要你將自己的思考與決策權交到他人手中，那就是所謂的病態互依。比方說，有些人受到他人控制，所以在對方做了或沒做某些事情的時候，他們會感到內疚，然後依此來調整自己的行為。有些人則是習慣討好他人，總是試圖滿足他人的願望，而不去考量自己的合理需求。某種程度來說，與他人病態互依的人，都是透過別人的眼睛，來看待這個世界。

　　病態互依的關係當中有一項特點，就是明明對方才是有問題的人，但你卻會覺得自己是問題的根源。有問

題的那一方會用罪惡感來驅使他人，讓別人覺得要替他的問題和困難負責，而他們更對此深信不疑。

　　但這種論述很少成立。雖然我的行為可能會對周遭的人造成壓力，但其他人要對我的行為做出什麼反應，決定權終究在他們手上。酗酒者的妻子經常覺得自己有錯，認為如果自己更盡心盡力、更能幹，丈夫就不會酗酒。道理相同，沉迷賭博者、暴飲暴食者、菸癮很重的人，或者是工作狂的配偶，大家也傾向將問題的責任攬到自己身上，然後因為內疚而做出不適當的反應。

　　史努比以為雪人是因為被牠舔過才融化。牠沒有意識到自己其實沒有那麼大的威力,融化是太陽造成的。

　　或許將自己視為他人問題的根源,會讓我們莫名覺得自己很有力量,誤以為我們影響力強大,有辦法真的去影響到別人的行為。

　　或許可以謙卑一些。有各式各樣的原因會產生問題,而我們很少是問題的主因。

　　大家常說「沒有人是孤島」。這個說法沒錯,但要是我們的生活與行為都受到彼此牽制,那不就變成病態互依了嗎?如果是這樣,病態互依不就是一種適應不良的失衡現象嗎?

事實上，互相依賴和病態互依是有區別的。當然，沒有人是孤島，每個人都以不同的方式互相依存。

　　在健康的人際關係中，彼此是平等互饋、適度依賴的。沒有人會受到他人支配，也沒有人會為這種關係付出高昂的代價。

奈勒斯就付出昂貴的代價。如果他確實需要露西替他準備食物，那一句真誠的「謝謝」就足以表達感激。他應該要能輕鬆說出「謝謝」，而處於健康對等關係中的露西也不會要求更多。

但我在《好事即將發生》當中就指出，露西很霸道專橫，而奈勒斯非常依賴她。露西確實在這段關係中有所付出，但她對奈勒斯的要求根本不合理。

如果你覺得伴侶的要求讓你不舒服，那你很有可能正處於病態互依的關係中。

假如你交出自己做決定的權利，讓別人來替你經營生活，那就麻煩大了！如果你想要有所改變，就必須做出決定：接管自己做決策的權利。但這項決定可能會被替你做決定的人推翻。

這樣說明是不是很混亂？或許以下漫畫可以說明。

　　奈勒斯接受露西的控制。奈勒斯被露西嚇怕了，她不用說半句話就可以要求他做某件事。她能用沉默來控制他。

　　奈勒斯試探性地說自己或許不該受露西控制。露西以冷淡不回應的態度來駁斥。她的反應透露出「這個說法實在荒謬，根本不需要回應」，奈勒斯立刻打退堂鼓。

　　聽起來是不是很熟悉？

所以，保持獨立思考以及個人判斷非常重要。我們應該隨時聽取他人的意見，並仔細考慮，但最終決定權還是在我們手上。

　　如果你覺得世界是瘋狂的，你有權發表自己的見解，但不要因為別人認為世界是瘋狂的，你就假設世界真的是如此。

　　打開耳朵、敞開心胸，聆聽他人的建議和想法，將這些資訊處理消化之後自己做決定，這樣人生或許就會更愉快順暢。萬一任他人擺佈，生活就有可能會變得一團亂。例如，如果你受到兩個意見相左的人操控，情況會是如何？

可憐的史努比。牠試圖討好所有人，表情一半憂傷、一半開朗。這幾乎沒人人能辦到。即便做得到，要維持兩種相互衝突的態度，也會非常勞心費神。

但最主要的問題在於，即便史努比這麼努力討好，卻沒有人滿意。范蕾特不喜歡牠開朗的那一半，佩蒂不喜歡牠垂頭喪氣的那一半。

所以做自己就好了，不要再試著討好所有人。這樣不僅會把自己給累壞，到頭來還沒辦法取悅任何人。

特別篇 **11**

7 大人生格言，
喚醒全新的自己

個人意見　5 美分
今日金句　10 美分
中肯建議　25 美分

保持冷靜！

保持冷靜不容易，但**冷靜**其實是生活中最不可或缺的態度。即便在最緊繃焦慮的時刻，我們也必須沉著淡定。

想一想我們被激怒時會有什麼反應。有人做了或說了一些會讓人惱火的事，我們可能會一股衝動地大吼大叫，或者是激動咒罵。

奈勒斯，你有覺得最近天氣比較暖嗎？是印第安人的夏天吧…

「印第安人的夏天」本來是一些非常狡猾的戰士想出來的概念。

那是為了欺騙即將到來的騎兵，讓他們以為天氣很好，但實際上就要下雪了！

我什麼都不會說…我不會動搖的…我什麼都不說…

　　這樣做能帶來什麼？什麼都沒有！不管是誰激怒了我們，都不會因為我們的激烈反應而有所改變。他還是會繼續堅持自己所相信的事物。

　　所以說，查理‧布朗就知道不管自己說什麼，都無法改變露西的想法，因為露西就是這樣。所以他做了非常明智的決定：不浪費力氣去說服露西。

　　但後來他還是抵擋不了糾正露西的衝動，開口指正露西錯誤的說法。

而這正解釋了為什麼最好保持冷靜，並堅持下去。雖然你可能覺得自己應該去挫挫對方的銳氣，但如果你直覺判斷這只是徒勞，請別改變心意。你或許是對的。

◖ 活在當下，隨遇而安

某個層面來看，以前生活條件比較艱困的時候，人類可能反而覺得生活比較輕鬆。

很久以前，生活環境真的相當惡劣，人類自然會覺得生活充滿各種問題。例如，死胎率相當高，嬰兒能存活下來已經不容易。還有，兒童疾病非常普遍，可以長大成人已經是一項成就。再加上以前肺結核又那麼盛行，能活過 40 歲實屬難得。

如今，現代科學與醫學奇蹟讓生存變得輕鬆簡單，我們有餘裕對於各式各樣人類祖先根本不在乎的事，感到痛苦困擾。

　　查理‧布朗對這個世界感到不滿。

　　露西告訴他現實未必盡如人意，但這是唯一存在的現實，所以最好去適應和接受。

查理‧布朗意識到，其實任何人都無法順利應付艱難的現實，但如果能將困難切分成較小的等份，應對起來就容易多了。

沒有必要為了整個未來擔心焦慮，一次只要擔心一天就夠了。

既然我們沒有無限精力，節約使用珍貴的精力就是
明智之舉。將精力浪費在徒勞無功的事情上不僅不明
智，還會讓人精疲力竭、沮喪氣餒。

　　想想你今天能做什麼。如果可以稍微撥出一些薪水
放進存款當中，讓你在接下來的夏日能去度個假，或是
做退休規劃，那確實非常有意義。未雨綢繆、替未來做
準備絕對沒錯。但是為了**自己根本無法影響**的未來憂心
忡忡，根本是在浪費時間與心力，也會讓人提不起勁去
過好每一個當下。

　　所以才會建議大家「活在當下，隨遇而安」。

　　除了避免不必要且毫無幫助的擔憂之外，「活在當
下」也是鼓勵大家今日事今日畢、不要拖延。如果能克
服拖延的老毛病，就能免除許多困擾與懊悔！

　　明天該讀的書不會比較少，該完成的事情也一樣存
在。但越是拖拖拉拉，能完成工作的時間就越少。

話說回來，拖延者身旁的人可能會鼓勵他拖延，然後又反過來批評他。

或是在他身邊嘮叨……

或什麼都不說……

全世界都知道拖延的下場很慘，因為在最後的恐慌時刻，我們會把自己搞得精疲力盡。

拖延者最後面臨的，就是鐵錚錚的教訓。

重要的事情要先做！

　　許多問題之所以產生，是因為沒有設定優先順序。想要的東西或許很多，但現實不可能讓我們全部擁有，所以必須做出選擇。

　　多數人都有預算限制。鑽石、出國度假和船外機固然吸引人，但基本三餐、住處和健康照護才是第一要務。如果必須限制卡路里的攝取，那必要營養素會比糖果更重要。萬一球賽和重要商務會議時間重疊，會議應該要優先才對。

　　為什麼會這樣？為什麼不能擁有想要的一切？是誰規定食物必須排在船外機前面？認清現實吧，這些事情本來就不是人自己決定的。

　　為什麼有些小孩比其他小孩大？因為他們先出生了。這對年紀比較小的孩子來說公平嗎？或許不公平，但這就是現實。

　　我們必須接受現實，而不是強硬實行自己想要的方式，這樣才能順利、健康地適應日常生活。

相互尊重，彼此包容

相互尊重，彼此包容是個很棒的原則。如果沒有人侵犯你的權利，就不要干涉他們的生活方式。以自己希望的方式去生活，並允許他人以他們希望的方式生活。

要是大家都能遵循這個簡單的原則，就能避免許多痛苦與衝突摩擦。其他人沒有必要以我的方式來做事，也不需要接受我的信念與原則。只要大家都能彼此尊重，我們就能和平共處。

這個原則如此簡單又基本，為什麼很少人能乖乖遵守和實踐？

我們口口聲聲說要尊重他人的基本權利，同時又說他們做事的方法錯得離譜，所以即便尊重他們的基本權利，還是免不了想出手干涉。

這種合理化的藉口其實非常站不住腳，代表我們還是想要支配他人，再不然就是想強迫他人接受我們的價值觀。

如果能確實遵守「相互尊重，彼此包容」的原則，不要再去找藉口或理由，大家都會更快樂。

慢慢來！

　　雖然現在有微波爐和傳真機等各種科技奇蹟，有些
事還是急不得，比方說懷孕。

　　道理相同，要改變人天生的性格或情緒反應也急不
得。有些人認為催眠是一種能快速解決問題的方法，但
事實並非如此。有些人會吃各種藥丸，希望能立刻感覺

好一些。遺憾的是，尋求快速解決情緒問題的方法，往往讓人對化學物質產生依賴，甚至上癮。

另外，有些人會一直去看諮商師或心理治療師，一邊拖延、不想立刻針對個人生活做出必要改變，同時希望治療師或諮商師能想出一個更簡單的辦法，讓他們的心情與人生立刻好起來，自己卻巴著舊習慣或舊思維不放。

話說回來，改變需要時間。短時間的等待還說得過去，但如果現有的治療方案，讓你覺得離成長跟理想遙遙無期，那比起期待治療有效，主動做出改變與調整，或許是更明智的選擇。

◖ 越簡單越好！

簡單的問題往往能用簡單的方式解決。只要保持簡單，生活中的許多問題都能迎刃而解。很多時候，我們會把情況搞得撲朔迷離，將簡單的問題複雜化。

為什麼？

莎莉八成沒有買任何父親節禮物，但因為她不願意直接承認，所以一直兜圈子，把查理・布朗搞得暈頭轉向。

　　這是政客最愛用的伎倆。假如問題的答案令他們尷尬，就會用各種話術來推託。

　　當我們將實際上很簡單的事情複雜化，就代表簡單的解決方法或答案不是我們想要的。

◖ 三思而後行！

　　有時候想太多會造成不少麻煩。事實上，「越簡單越好」這句格言是在提醒我們，不要因為過度思考而讓簡單的事情變複雜。

　　不過，很多時候，稍微思考一下就不會衝動做出一些蠢事。我們可能常常事後反省自己說過的話或做過的事，發現「剛才也太蠢了，為什麼我會做出（或說出）這麼蠢的事情？」若能三思而後行，想想自己接下來到底要做什麼或說什麼，就可以避免這些尷尬的局面。

　　漫畫中使用「汪汪」來表示狗叫聲，這不表示狗真
的會發出「汪汪」的聲音。鳥不會說「啾啾」，生氣的
貓也不會發出低吼聲。如果試圖用這種方式與動物溝通
交流，牠們肯定覺得我們非常可笑。那麼，我們為什麼
還要這樣做？因為我們沒有真的想清楚自己在說什麼。

對動物說一些毫無意義的話不會造成太大傷害，但當我們在跟其他人說話，腦中完全沒有預先思考自己的話是否有道理，後果就沒這麼無傷大雅了。不經思考的言論輕則聽起來愚蠢，嚴重的話有可能會侮辱或傷到別人。

　　所以在這方面，三思而後行絕對是個不錯的建議。

這簡直是最美好的
人生哲學

蓋特威康復中心（Gateway Rehabilitation Center）有個標語：「通往康復的電梯故障中，請使用十二步階梯」。畢竟，改變性格並非一蹴可幾，必須努力攀登才能通往終點。

雖然十二步驟不是電梯，不過這個療法跟手扶梯有相似之處。手扶梯是由一條連續的鏈帶所組成，階梯到達最上層之後會回頭循環，再次回到第一階。

理想情況下，人格發展永遠不會停止。在任何時間點做性格測驗，都可以讓我們找出需要改進的地方並改正。話說回來，改掉一些不好的個性後，你可能又會看到其他的問題——你以前不覺得它們是缺點，但現在卻與心智成長的你不符。

這就跟裝潢客廳一樣。有了漂亮的新家具，突然發現舊的地毯與新的擺設格格不入，所以地毯需要換新。地毯更新之後，壁紙顯得過於單調，所以必須更換。什麼東西都換了，才發現光線不夠充足、無法顯現出房間的美感，所以要添購新的燈具。每項新的改善會帶出另一項有待改進的部分。

十二步驟法則是改善性格的絕佳指南，但這套方法

確實像一部手扶梯。當你走到第十二級台階，是不可能踏上一個平台然後說：「到終點了！」反而會在這個位置，用嶄新的視野檢視自己，看看還有哪些性格特質要調整，才能跟煥然一新的自己相符，然後重新展開一連串的改進之旅。這簡直是最美好的人生哲學！

有時候，我們會終日迷迷茫茫，像夢遊者一樣漫無目的，不知何去何從。有一天，看似偶然的人生際遇，啟發了我們，讓人開始思考是否滿意自己現在這個樣子，或者有沒有辦法成為想要的樣子。而這種覺醒是第一步驟，我們終於意識到，一直以來都忘了去觀照、檢視自己。然後，就能下定決心、不惜一切代價，成為自己能夠成為的人。

這就是所謂的「及時覺醒」。

及時覺醒 Waking Up Just in Time

A Therapist Shows How to Use the Twelve Steps Approach to Life's Ups and Downs

作　　者　亞伯拉罕・托爾斯基（Abraham J. Twerski），查爾斯・舒茲（Charles M. Schulz）
譯　　者　溫澤元
主　　編　呂佳昀

總 編 輯　李映慧
執 行 長　陳旭華（steve@bookrep.com.tw）

出　　版　大牌出版／遠足文化事業股份有限公司
發　　行　遠足文化事業股份有限公司（讀書共和國出版集團）
地　　址　23141 新北市新店區民權路 108-2 號 9 樓
電　　話　+886-2-2218-1417
郵撥帳號　19504465 遠足文化事業股份有限公司

美術設計　FE 設計 葉馥儀
排　　版　新鑫電腦排版工作室
印　　製　中原造像股份有限公司
法律顧問　華洋法律事務所 蘇文生律師

定　　價　400 元
初　　版　2025 年 1 月

國家圖書館出版品預行編目 (CIP) 資料

及時覺醒 / 亞伯拉罕.托爾斯基 (Abraham J. Twerski), 查爾斯.舒茲 (Charles M. Schulz) 著 ; 溫澤元譯.
-- 初版 . -- 新北市 : 大牌出版 , 遠足文化發行 , 2025.01 ; 224 面 ; 14.8×21 公分
譯自 : Waking up just in time : a therapist shows how to use the twelve steps approach to life's ups and downs.
ISBN 978-626-7600-28-3(平裝)

1. CST: 自我實現　2. CST: 生活指導

177.2　　　　　　　　　　　　　　　　　　　　　　　　　　　113017989